공병호의 무기가 되는 독서

공병호의

무기가 되는 독서

공병호 지음

미래의
창

책은 문명을 승리로 전진시키는 수단이다.

윈스턴 처칠

읽지 않는다면
어떻게 대응할 수 있겠는가

"어떻게 하면 계속해서 부지런히 책을 읽을 수 있나요?"

작은 습관 하나만 갖고 있으면 누구나 '전천후 독서가'가 될 수 있다. 책 읽기는 큰마음을 먹은 다음 제법 긴 시간을 확보해야 시작할 수 있다는 틀에 박힌 생각만 버리면 된다. 5분이든 10분이든 틈틈이 책 읽기를 가까이 하는 습관은 삶의 많은 부분을 바꿔 놓는다. 여기서 소개하는 책들은 거의 대부분이 작은 손가방에 넣고 다니며 창이 큰 카페에서 누군가를 기다리면서, 공항과 열차 대합실에서, 지하철이나 비행기 안에서 읽었던 책들이다.

새로운 책을 읽는다는 것은 새로운 생각을 가능하게 한다. 또한 시야와 안목을 넓히고 새로운 기회를 잡을 수 있는 크고 작은 단초를 제공한다. 새로운 정보와 지식에 자신을 노출시키는 것은 지적 자극을 제공하는 행위다. 더욱이 새로운 책을 읽는다는 것은 세상 변화에 맞춰 스스로를 바꿔나가는 멋진 방법이기도 하다.

누구에게나 일상의 상당 부분은 반복적인 일로 이뤄진다. 따라서 자칫하면 지루하고 기계적인 삶이 될 수도 있다. 다양한 배경을 가진 세상의 저자들이 쏟아내는 책들을 읽는다는 것은 일상에 경쾌함과 유쾌함 그리고 유익함을 더하는 생활방식이라 할 수 있다. 삶에 생기를 더하고 일상을 재단장하는 활동인 셈이다. 자주 하면 할수록 늘 새롭게 일상을 시작할 수 있고 새로운 삶을 이끌어갈 수 있다.

이 책은 독자들이 어떤 책을 읽어야 하는가에 대한 가이드 북 성격을 지니고 있다. 책 전체를 읽지 않더라도 핵심 포인트를 파악할 수 있도록 했다. 모두가 분주하게 살아갈 수밖에 없는 이 시대에 책 읽기를 즐겨 하는 사람이 어느 정도 선별된 목록을 제공하면 가치가 있지 않을까 하는 생각에서 시작된 책이다. 선택 대상이 된 책들은 대부분 실용서와 트렌드서 그리고 미래 전략서들이다. 간혹 인문학을 포함하기도 했지만 대부분은 비즈니스

맨을 위해 선별된 책들이다. 4차 산업혁명의 시대, 무엇을 준비해야 하고, 무엇을 중점적으로 봐야 하는지 가장 기본적인 가이드가 되어줄 수 있는 책들이라고 생각한다.

혁신, 미래, 리더십, 일과 삶이란 네 가지 큰 주제하에 모두 44권의 책을 소개했다. 여기서 제시한 책들을 당장 모두 다 볼 수는 없겠지만 최소한 몇 권 이상은 꼭 완독해보기를 권한다.

한 가지 염두에 둬야 할 점은 여기서 추천한 책들에 대해 기술한 내용은 전적으로 나의 관점이라는 것이다. 독자들의 시각이나 필요에 따라 아주 다르게 읽힐 수 있다는 얘기다.

오늘날 책 읽기는 예전처럼 인기 있는 활동이 아니다. 그러나 소비 주체로서의 삶이 아니라 생산과 투자 주체로 살아가기를 소망하는 사람이라면, 책 읽기 습관을 절대로 포기하지 말아야 할 것이다. 결국 승자는 자기 생각을 할 수 있는 사람, 즉 창의적 생각을 할 수 있는 사람이 될 수밖에 없기 때문이다. 영상물의 소비가 대세를 이루는 시대지만, 다수가 가는 길이 늘 옳은 것은 아니다. 책과 영상물이 낳는 가치 사이에는 좁힐 수 없는 간격이 놓여 있다. 가치와 재미, 투자와 소비, 묵직함과 가벼움, 성찰과 찰나의 차이라고 할 수 있다. 적절한 균형을 유지하면서 살아가야 이 험준한 세상 변화 속에서 스스로를 보호할 수 있다는 것을 명심해야 한다.

이 책은 기업가정신의 산물이다. 한국경제신문과 이투데이에 꾸준히 기고해왔던 '파워독서'와 '독서산책'의 가치에 주목하고 출판을 주도한 미래의창 편집진에게 감사를 전한다. 책으로 세상을 읽는 활동이 독자 여러분의 삶과 일에 큰 가치를 제공할 수 있게 되기를 소망한다. 가파른 속도로 질주하면서 거침없이 주변의 것들을 파괴하는 엄청난 변화 속에서 우리가 읽지 않는다면 도대체 어떻게 제대로 대응할 수 있겠는가.

2018년 8월

공병호

PART 1   혁신 INNOVATION

PART 2 미래 FUTURE

PART 1

혁신

INNOVATION

IT업계 최고 전문가의
기술 변혁에 대한 통찰력

히트 리프레시
마이크로소프트의 영혼을 되찾은 사티아 나델라의 위대한 도전

인도에서 태어난 사티아 나델라는 1992년 마이크로소프트(이하 MS)에 입사, 2013년 빌 게이츠, 스티브 발머에 이어 세 번째로 CEO에 오른 인물이다. 나델라가 쓴 《히트 리프레시》(흐름출판)는 한때 IT업계의 거인이었지만 성장의 한계에 봉착해 있던 MS에 혁신의 열기를 불어넣으면서 성과를 이끌어낸 이야기다.

자서전 성격이 강한 책으로 받아들일 수 있지만, 나는 조금 다른 시각에서 이 책의 가치를 높게 평가한다. 하나는 1992년 이래 IT업계 최전선에서 능력을 발휘해온 사람이 현재의 기술 변화를 어떻게 바라보는지 들여다볼 수 있다는 점이다. 그의 시각

을 통해 기술 변화의 전모에 대한 통찰을 얻을 수 있다는 점이 매우 흥미롭다.

다른 하나는 나델라가 리더십의 최고 요건으로 꼽은 '공감'에 관한 이야기다. "공감은 부침을 통해 만들어진다"는 고백처럼 MS의 부활을 가능케 한 리더십의 요체는 그가 가진 공감 능력이었다. 공감은 타인의 입장에서 진정으로 이해하려는 심적 상태를 말한다. 그가 생각하는 리더십과 공감의 상호관계는 다음과 같다. "공감 능력은 리더십의 처음이자 마지막이다. 모든 사람에게서 최선을 이끌어내는 힘이기도 하다. 공감 능력은 개인이나 팀에 자신감을 심어주는 노력과 관련된 것으로 리더의 가장 중요한 덕목이라고 생각한다."

9개 장으로 구성된 이 책은 크게 세 부분으로 나뉜다. 첫 번째 부분에서는 대학원 입학을 위해 인도를 떠나 미국 중부지방, 실리콘밸리를 거쳐 MS에 입사해 CEO까지 오르는 인생 여정을 그린다. 잔잔한 감동과 교훈이 있는 여러 이야기로 구성돼 있다. 그다음은 CEO로 지명된 이후 회사 재건 프로젝트를 어떤 방법으로 전개했는지를 소개한다. 위기 상황에서 회사의 정상화를 도모하는 사람들에게 도움이 될 수 있는 내용이다. 마지막 부분에서는 지금 진행되고 있는 그리고 앞으로 전개될 기술 변화에 대한 그의 통찰력과 직관력을 확인할 수 있다. 책의 전체적인 내

성장의 한계에 봉착한
MS에 혁신의 열기를 불어넣은 것은
바로 지도자의 '공감' 능력.
"공감 능력은 리더십의 처음이자
마지막이다."
IT 산업의 흐름을 보는
탁월한 인사이트와 더불어
독특한 감동을 자아내는 이민자 출신의
CEO 이야기도 뭉클.

용은 누구에게나 도움이 될 수 있는 내용을 담고 있다.

그는 정상에 선 사람임에도 불구하고 자신의 아이가 장애를 갖게 되면서 "세상일이라는 것이 뜻대로 흘러가는 것만은 아니다"라는 생각을 갖게 됐다. 그만큼 더 겸손하게 직원과 세상과 삶을 바라보게 된 이민자 출신 CEO 이야기는 독특한 감동을 자아낸다.

특히 내가 이 책에서 건져낸 귀한 정보는 기술 변혁에 대한 나델라만의 통찰력이다. 6장부터 펼쳐지는 기술 이야기는 기술에 관해 별다른 배경 지식을 갖고 있지 않은 독자들도 이해할 수 있을 정도로 쉽게 소개돼 있다. 아마존이 클라우드 시장에서 후발주자로 출발해 상당한 성과를 거둔 이야기에 이어, 몇 년 뒤 산업을 주도할 세 가지 기술로 혼합현실, 인공지능, 양자컴퓨팅을 든다. 이 부분을 읽을 수 있는 것만으로도 이 책을 선택한 것이 행운이라는 생각이 들 정도다. 리더십과 기술, 감동이 적절히 어우러진 멋진 책이다.

지금 혹시 정보의 사각지대에 놓여 있지는 않은가

비즈니스 조기경보

우리 사회는 위기에 그다지 민감하지 않다. 닥친 다음에야 비로소 허둥대는 일이 많다. 여러 원인이 있겠지만 농경문화에서 오랫동안 살아온 것도 한 가지 이유일 것이다. 사회 차원에서도 그렇지만 조직이나 개인 차원에서도 위험의 조기경보에 민감하게 대응하는 일이 드물다.

경영학을 공부하고 열전도체 분야에서 박사 학위를 받은 이윤석의 《경쟁정보가 울려주는 비즈니스 조기경보》(북랩)는 위험의 조기경보를 빠르게 인식하고 이에 체계적으로 대응하는 구체적인 방법을 다룬 책이다.

6부로 구성된 책의 소주제를 살펴보는 것은 책의 전모를 파악하는 데 도움을 준다. △다가오는 위기를 그저 바라보고만 있는 기업들, △비즈니스 조기경보란 무엇인가, △시장에는 딱 두 부류의 기업이 있다, △한국 기업들, 이제 경쟁정보에 주목하라, △비즈니스 기회와 위기 어떻게 감지할 것인가, △교육과 훈련으로 준비하라. 또한 소주제와 함께 제시된 풍부한 기업 사례들은 이 책이 오랫동안 준비돼왔음을 알 수 있게 한다.

사업은 리스크를 대가로 수익을 창출하는 활동이다. 그럼에도 불구하고 단기적인 성과에 따라 보상이 결정되는 경영자들은 현재의 수익을 넘어 다른 한쪽에 도사리고 있는 위기를 적극적으로 파악하려는 동기가 부족하다. 따라서 의도적인 노력이 필요하다.

이 책을 읽기에 앞서 몇 가지 용어를 이해해야 한다. '경쟁정보'는 경쟁사에 관한 정보가 아니라 비즈니스 의사결정에 활용할 수 있는 정보, 경쟁우위와 통찰력을 줄 수 있는 정보를 말한다. '경쟁정보 활동'은 기업의 생존과 직결되는 다양한 형태의 정보를 수집하고 분석해나가는 과정을 의미한다. 예를 들어 퓨처스그룹의 조사에 따르면 매출 100억 달러 이상 미국 기업 가운데 82%가 경쟁정보 조직을 갖추고 있다.

경쟁정보는 왜 필요한가. 조기경보를 위해 필수적이기 때

올바른 경쟁정보는 기업의 생존에 필수.
매출 100억 달러 이상 미국 기업의
82%가 경쟁정보 조직 갖춰.
한국 조선업과 코닥은 조기경보 시스템이
실패한 대표적 사례.
일상업무에 매몰된 CEO들에게
경종을 울리는 책.

문이다. 조기경보 시스템은 '타임라인', '포커스', '프로세스'라는 세 가지 축으로 구성된다. 저자는 조기경보 시스템이 업종마다 얼마나 달라질 수 있는가에 대해 하이테크산업, 제약산업, 에너지산업을 예로 들어 설명한다. 3부에는 조기경보 시스템을 잘 가동시켜 업계에서 부동의 자리를 굳힌 기네스 맥주와 비자카드, 프랫앤드휘트니, 그리고 한 중견 기업의 사례가 소개돼 있다.

조기경보 시스템이 가동되지 않았던 기업 사례로는 코닥과 한국 조선사들이 꼽혔다. 한국 대표 기업의 바이오 사업 진출과 성장에 대해 저자는 과거의 신호(시그널)만을 바라보고 있는 사례로 꼽는다.

저자는 일상 업무에 지나치게 매몰된 많은 CEO가 '블라인드 스팟'이란 정보의 사각지대에 놓여 있을 가능성이 높음을 경고한다. 이것이야말로 성공한 기업들이 앞을 내다보지 못하는 이유이기도 하다. 책 구석구석에는 당장 활용할 수 있는 실용 정보도 담겨 있다.

간단한 표로 정리된 '비즈니스 기회 포착과 위기 감지를 위한 질문'은 누구든지 자신과 조직을 상대로 답을 정리해볼 수 있게 해준다. 실용서이면서도 다소 학술적 성격을 띤 책이기에 가독성이 높지 않지만, 조기경보와 위험관리에 관심이 있는 사람들이라면 반드시 읽어야 할 책이다.

시가총액만으로도
위협적인 네 존재

플랫폼 제국의 미래
구글, 아마존, 페이스북, 애플 그리고 새로운 승자

스콧 갤러웨이는 미국 뉴욕대 스턴경영대학원 교수지만 창업가이자 조언자로도 활발하게 활동해온 인물이다. 이 때문에 그의 글은 학자나 일반 전문가들이 쓴 책과 상당히 다르다. 다소 신랄하기도 하고 예언적이기도 하다. 칭찬이나 놀라움 그리고 찬양일변도로 흐르는 책과는 근본적으로 다르다.

《플랫폼 제국의 미래》(비즈니스북스)는 플랫폼 기업의 대표 주자인 구글, 아마존, 페이스북, 애플 등의 빛과 그림자를 낱낱이 해부한 책이다. 저자는 단도직입적으로 묻는다. "날로 커져가는 이 거대 기업들의 위협에 맞서서 스스로를 어떻게 보호할 수 있을까." 이 거대 기업들이 얼마나 위협적인가는 시가총액(2017년 4월 기준)으로 확인할 수 있다. 아마존은 4329억 달러다. 이에 비해 크로거는 273억 달러, 타깃은 304억 달러, 메이시백화점은 89억 달러, 노드스트롬은 78억 달러에 지나지 않는다. 2276억 달러인 월마트조차도 아마존에 비하면 초라해 보인다. 한편 1만7000명을 고용하고 있는 페이스북 직원 1인당 시가총액은 2050만 달러인데, 23만1000명을 고용하고 있는 GM 직원 1인당 시가총액은 21만5000달러에 지나지 않는다.

이 책의 전반부는 네 개 기업의 전략에서 배우는 교훈을 조목조목 제시하고 있다. 후반부는 네 개 기업의 경쟁우위 원천을 놓고 세상에 만연한 신화의 옳고 그름을 따진다. 특히 '아날로그 해자(垓字)', 즉 잠재적인 경쟁자들이 감행할 공격을 무력화할 목적으로 설계해둔 현실 속 인프라로 자기 시장을 어떻게 보호하고 있는지를 보여준다. 예를 들어 미국 가구의 52%가 당일 무료 배송이 가능한 아마존의 프라임 서비스에 가입해 있다. 오프라인 매장에 있을 때도 고객 네 명 가운데 한 명은 구매 전에 아마존의 사용자 후기를 검색한다.

그럼에도 불구하고 아마존은 독과점 규제를 받지 않는다. 아마존은 거액의 투자금을 받아 더 나은 미래를 만들어낼 것이라는 꿈과 비전을 팔아서 성장해왔다. 이렇게 조달한 자금은 다

구글, 아마존, 페이스북, 애플
거대 플랫폼 기업의 위협에 맞서
스스로를 어떻게 보호할 수 있을까?
더 나은 미래를 만들 것이라는
꿈과 비전을 파는 '빅4'
우리는 그들의 빛뿐만 아니라
그림자도 봐야 한다.

른 경쟁사들이 도저히 따라잡을 수 없을 정도로 막강한 물류 시스템을 구축하는 데 투입했다. 여기서 저자다운 독특한 발상이 등장한다. 다른 유통기업 같으면 투자자들이 도저히 기다려줄 수 없을 정도로 긴 시간 동안 아마존 투자자들은 기다려줄 수 있다. 아마존이 꿈을 파는 기업이기 때문이다. 또한 아마존은 엄청난 물류 시스템 덕분에 가격을 낮출 수 있고, 그 여파로 미국 유통업체들은 극심한 불황에 빠지게 된다. 미국 몰의 제곱미터당 매출은 10년 사이에 24%나 하락했다.

문제는 여기서 그치지 않는다. 미국만 해도 매장 계산원으로 일하는 사람이 340만 명이나 된다. 아마존이 실험하고 있는 무인판매점인 '아마존 고'가 본격적으로 사업을 확장하면 실업 문제는 만만치 않은 사회 이슈로 등장할 것으로 보인다. 아마존의 질주는 쇼핑몰의 몰락과 여타 유통기업들의 몰락을 가속화시키고 있다. 시장원리에 따르면 잘 적응한 자가 시장을 전부 차지하는 것이 무엇이 문제인가라고 물을 수 있다. 하지만 아마존의 약진은 가까운 장래에 독과점 규제의 칼날을 피하기 힘들 것으로 보인다. 편리함 속에서도 '이건 아닌데'라는 생각을 가진 사람들이 늘어나고 있기 때문이다. 플랫폼 기업들의 질주가 소비자 편익의 향상에는 놀라운 기여를 했지만 그 이면에 또 다른 사회 문제를 낳고 있음을 확인할 수 있다. 업계를 속속들이 알 수 없다면 결코 내놓을 수 없는 내용을 담은 귀한 책이다.

어떤 의미에서 이 책은 네 개 '거대 기업'의 '빛과 그림자'가 아니라 '그림자'만을 심층적으로 파헤친, 통념에 반하는 책이다.

고객만족과 고객집착의
차이는 무엇인가

아마존 웨이
세계에서 가장 파괴적인 기업 아마존의 모든 것

"비즈니스 생태계에서 매우 희귀한, 그야말로 괴물 같은 기업이
탄생했다."

전자상거래 업체로 출발해 홀푸드 인수까지 미국 유통업계
를 흔들고 있는 아마존에 대한 총평이다.

미국 유통업계를 뒤흔들고 있는 아마존 열풍에는 2000년
11월에 시작된 혁신적인 무료배송 프로그램도 한몫을 단단히
하고 있다. 광고비에 돈을 투입하는 대신 당시로서는 파격적인
아이디어였던 무료배송을 전격적으로 실시한 기업이 아마존이
다. 무료배송은 아마존의 시장 선점에 큰 역할을 담당했고 기업

들에게는 고객서비스의 기준점이 됐다.

존 로스만의 《아마존 웨이》(와이즈맵)는 전직 임원의 눈으로 바라본 아마존 성공의 핵심 포인트를 정리한 책이다. 특히 아마존의 모든 구성원에게 철저히 적용되고 있는 경영원칙을 14개로 정리해 깔끔하게 담아냈다. 종사하는 업종을 불문하고 독자들은 세계 최고 혁신기업의 성공 비결에 대한 구체적인 지식, 정보, 실천법 등을 배울 수 있을 것이다.

아마존이 끊임없이 자기혁신을 넘어 자기파괴를 감행하는 이유는 무엇일까. 그러지 않으면 디지털 파괴의 희생자가 될 것이라고 확신하기 때문이다. 아마존이 실천하고 있는 자기파괴법은 모두 14개로 이 책에서 독립된 각각의 장을 차지하고 있다. △고객에 집착하라, △결과에 주인의식을 가져라, △발명하고 단순화하라, △리더는 대부분 옳다, △항상 묻고 호기심을 가져라, △최고 인재만을 채용하고 육성하라, △최고의 기준을 고집하라, △크게 생각하라, △신속하게 판단하고 행동하라, △근검절약을 실천하라, △다른 사람의 신뢰를 얻어라, △깊게 파고들어라, △소신을 갖고 반대하거나 받아들여라, △구체적인 성과를 내라.

저자는 고객만족과 고객집착 사이에는 엄청난 간격이 존재한다고 말한다. 고객에게 집착한다면 적당한 수준에서의 만족이

전직 임원이 직접 말하는
아마존 성공의 핵심 포인트.
끊임없는 자기파괴만이 디지털 파괴의
희생자가 되지 않는 길.
놀라운 것은 거대 기업 아마존의
철저한 비용절감 원칙.
제프 베조스의 연봉은 페이스북 인턴보다
조금 더 많은 정도.
창업자에게는 여전히
'오늘이 아마존의 첫날'이다.

아니라 혁신에 관한 한 중단 없는 전진을 요구하게 된다. 아마존에서는 "의존관계가 무너져서 실패하는 것은 용납되지 않는다. 그것은 곧바로 리더십의 실패다"라는 원칙이 공유되고 있다. 이 때문에 구성원들은 '의존관계를 관리한다'는 개념을 깊이 공감하고 실천에 옮긴다. 가장 확실한 실천 방법은 더욱 깊이 있는 질문을 더 많이 던지는 것이다.

아마존 정도의 기업이라면 비용 지출을 대하는 태도가 초기 기업과 많이 다를 것으로 예상된다. 그러나 실상은 정반대다. 아마존은 비용에 매우 민감하며 근검절약 문화를 유지하기 위해 신중한 행보를 계속해왔다. 이 같은 태도는 단순히 비용절감에만 영향을 미치는 것이 아니라 조직 구성원이 창업정신을 잊지 않는 데도 도움이 된다. 이는 창업자 제프 베조스의 철학과 자세에 깊이 배어 있다. 그의 연봉은 8만1840달러로, 페이스북 인턴 직원 급여보다 고작 1만4000달러 많다.

책 속의 몇몇 문장은 아마존의 성공을 이해하는 데 큰 도움을 준다. "1997년에도 그랬듯이 베조스는 아마존이 여전히 첫날이라고 믿으며 공룡 같은 존재가 된 지금도 일반적인 신생 스타트업이나 사용할 법한 비용절감의 자세로 회사를 경영한다." 내부자 출신만이 쓸 수 있는 유용한 책이다.

사람은 논리가 아닌
감정의 산물

팩트보다 강력한 스토리텔링의 힘
평범한 리더는 팩트로 설득하고, 현명한 리더는 스토리로 마음을 움직인다

설득에 성공하는 효과적인 방법은 뭘까. 사실과 숫자에다 스토리를 입힐 수 있다면 큰 효과를 거둘 수 있을 것이다. 가브리엘 돌란과 야미니 나이두가 함께 쓴 《팩트보다 강력한 스토리텔링의 힘》(트로이목마)은 사업 현장에서 스토리를 어떻게 잘 활용할 것인가를 다룬 책이다. 책의 강점은 풍부한 예화를 소개함으로써 수많은 단편 이야기를 읽고 있다는 생각이 들게 한다는 점이다. 또 각 장의 맨 뒤에 요약 정리와 숙제까지 덧붙임으로써 읽기와 학습이 조화를 이룰 수 있도록 돕는다. "스토리를 말하는 자가 세상을 지배할 것이다"라는 오래된 호피족 격언처럼 사람

은 태어날 때부터 이야기를 좋아하는 본성을 갖고 있다. 이 책은 그런 본성을 외부 고객과 내부 고객에게 적극적으로 활용하는 방법을 소개한다.

△스토리텔링이란 무엇인가, △비즈니스 스토리텔링의 스타일, △스토리 만들기, △스토리 빛내기, △연습과 전달, △기업에 스토리 도입하기 등 모두 10개 장으로 구성돼 있다. 큰 주제와 작은 주제가 목차에 낱낱이 정리돼 있기 때문에 목차를 읽는 것만으로도 책의 개요를 쉽게 파악할 수 있다. 왜 스토리텔링인가. 작가 아네트 시몬스의 지적은 명료하다. "스토리텔링은 냉정한 사실이나 서류상 중요 항목 그리고 지시사항 등으로 할 수 없는, 사람을 설득하고, 동기를 부여하며, 영감을 불어넣는 방법에 사용될 수 있다."

비즈니스 스토리텔링은 다른 형식의 스토리텔링과 달리 세 가지 특징을 갖고 있다. 목적을 갖고 있어야 하고, 데이터에 의해 뒷받침돼야 하고, 믿을 만해야 한다. 세 가지가 적절히 버무려질 때 효과가 나온다. 특히 리더에게 스토리텔링은 중요하다. 하워드 가드너 하버드대 교수는 "스토리는 리더가 가진 것 중 가장 강력한 무기"라고 말한다. 그만큼 리더십의 핵심이다. 데일 카네기도 "사람을 대할 때는 논리의 산물이 아니라 감정의 산물로 대하는 것임을 명심하라"고 밀했다. 일찍이 수사학에 관한 명저를

"스토리를 말하는 자가
세상을 지배할 것이다."
스토리는 리더가 가진 가장 강력한 무기.
서류와 지시사항으로는 할 수 없는,
사람을 설득하고 동기를 부여하며
영감을 불어넣어줘.
목적, 데이터, 신뢰라는
세 가지 요소가 중요.

남긴 아리스토텔레스도 설득의 세 가지 주된 형태를 로고스(논리), 에토스(개인의 신뢰도와 성품), 파토스(감정적 연계)라고 주장한 바 있다.

스토리텔러는 회피자, 조커, 리포터, 격려자 등 네 가지 유형으로 나뉘는데 이 가운데 으뜸은 격려자가 되는 것이다. 이 책의 목적도 격려자가 되는 구체적인 방법을 다룬다. "당신이 격려자라면 모든 스토리에 분명한 목적이 스며들어 있을 것이다. 당신은 본인의 스토리를 들려주고, 자신의 취약점을 드러내거나 사람들에게 자기 자신을 보여주는 것을 두려워하지 않는다. 그래서 청중들은 당신과 접속된다." 격려자는 청중의 호응을 불러일으킬 뿐만 아니라 자신의 스토리를 비즈니스 메시지와 어떻게 연결시키는지 정확하게 알고 있다.

부담을 갖지 않고 재미있게 읽을 수 있는 스토리텔링 기법 도서다. 누군가를 설득하는 일에 관심을 가진 사람에게 권하고 싶다.

콘텐츠의 질보다
더 중요한 것은 '연결성'

콘텐츠의 미래

콘텐츠 함정에서 벗어나는 순간, 거대한 기회가 열린다

통념을 깨며 흥분과 유익을 가져다주는 책이 있다. 바라트 아난드가 쓴《콘텐츠의 미래》(리더스북)가 바로 그런 책이다. 핵심 메시지는 "콘텐츠 함정에서 벗어나는 순간, 거대한 기회가 열린다"는 한 문장에 담겨 있다. 이 책은 콘텐츠 기업만이 아니라 제조업체에도 시사하는 바가 크다. 우리가 은연중 공유하고 있는 믿음은 '콘텐츠 제일주의'다. 콘텐츠로 승부를 걸어야 한다는 주장에 누가 이견을 제시할 수 있겠는가. 콘텐츠가 중요하지 않다는 이야기는 아니지만 콘텐츠의 질에만 집중하면 결국 '콘텐츠 함정'에 빠지고 몰락의 길로 들어설 수밖에 없다. 이것이 아난드의 핵심 주장이다.

　왜 이런 현상이 일어나고 있는가. 이 책의 처음부터 끝까지 관통하는 한 단어, 바로 '연결성' 때문이다. 저자는 연결성이란 맥락에서 제품과 서비스를 생각하지 못하면 어려움을 겪을 수밖에 없다는 숱한 사례를 소개한다. 더욱이 연결성이란 제약 조건을 잘 활용해 성공을 거둔 사례들도 나와 있다.

　이 책이 독자에게 제공하고자 하는 가치는 명료하게 정의할 수 있다. 디지털 변화와 그 변화에서 길을 찾는 방법을 제시하는 것이다. 주목할 만한 주장은 "디지털 항해는 결국 마음자세 또는 사고방식에 달려 있다"는 것이다. 이를 쉽게 표현하면 '콘텐츠 중심'에서 '연결 중심'으로 사고방식을 전환해야 성공의 길을 잡을 수 있다는 것이다. 저자가 당부하는 것은 세 가지다. 첫째, 우리가 하는 일과 다른 사람들이 하는 일의 연결성이 점점 높아지고 있다. 둘째, 연관돼 있지만 보이지 않는 기회에 초점을 맞추기 위해 현재 우리의 활동 무대 너머를 바라봐야 한다. 셋째, 우리가 하는 일이 우리가 있는 곳에 의해 어떻게 영향받는지 깨달아야 한다.

　이 책에서 연결성은 세 가지로 구분된다. 사용자 연결, 제품 연결, 기능적 연결이다. 책의 구성도 세 가지 연결성에 맞춰 4부로 구성된다 사용자 연결 관계, 제품 연결 관계, 기능적 연결 관

"콘텐츠 함정에서 벗어나는 순간
거대한 기회가 열린다."
'콘텐츠 중심'에서 '연결 중심'으로
사고를 전환할 것을 요구.
제품 자체보다 제품 간 관계가 더 중요.
《이코노미스트》의 성공과
《뉴스위크》의 몰락이 시사하는 것은?

계, 광고와 교육이다. 콘텐츠 세계에서는 소비자의 활동이나 취향, 행동을 잇는 연결고리를 보기보다는 하나씩 개별적으로 조명한다. 하지만 디지털 세계에서 성공과 실패의 전파는 콘텐츠의 질이나 어느 개인의 행위보다 개인 간 밀접한 관계에서 더 많이 비롯된다. 스칸디나비아 신문사가 디지털 변환에 성공하는 사례는 무척 인상적이다.

핵심 제품에 집중하는 조직은 콘텐츠를 새로 만들어내기 위해 더 많은 노력을 쏟는다. 디지털 세계에서 제품 하나에만 집중하면 제품 간 관계를 보지 못하고 다른 곳에서 더 큰 가치를 지닌 기회를 놓치게 된다. 마지막으로 기능적 연결의 성공과 실패 사례는 주간지 《이코노미니스트》의 약진과 《뉴스위크》의 몰락으로 설명할 수 있다. 기능적 연결 관계는 사용자와 제품을 넘어 다른 회사와의 차별화에 기여하게 된다.

책 내용도 우수하지만 책의 구성도 잘 조직화돼 있다. 여기서 잘 조직화돼 있다는 것은 독자가 두꺼운 책을 읽으면서도 방향을 잃지 않고 마치 표지판을 따라가듯 읽을 수 있음을 뜻한다. 풍성한 아이디어를 제시하는 뛰어난 통찰력을 담은 책이다.

29개 혁신기업을
들여다보다

실리콘밸리 사람들은 어떻게 일할까?
그들이 더 즐겁게 마음껏 일하는 5가지 비밀

《실리콘밸리 사람들은 어떻게 일할까?》(삼성경제연구소)는 세계에서 혁신 속도가 가장 빠른 실리콘밸리의 29개 혁신기업을 대상으로 조사한 연구 결과를 대중에게 알리는 책이다. 삼성경제연구소 연구원 20명이 협업해 만들었다. 내용이 탄탄하고 사례연구가 충실하기에 비즈니스 업계에 권하고 싶다.

이 책은 각 기업의 비전, 핵심가치, 커뮤니케이션 구조, 일하는 방식 등 조직문화에 대한 연구 결과를 5가지 키워드로 뽑아 각각 한 장씩 배분하고, 대표적인 12개 기업의 사례를 더했다. 연구서로 봐도 손색이 없을 정도로 내용이 알차다.

저자들의 집필 의도는 한 문장으로 요약할 수 있다. '눈에 보이지도 않고 손에 잡히지도 않는 조직 문화가 창조적 성과 창출의 성공 요인이었다고 과감히 지목하는 실리콘밸리 기업들에게는 도대체 어떤 비밀이 숨어 있을까?'

첫째, 실리콘밸리 혁신기업을 이끄는 CEO들은 성과 창출뿐만 아니라 사회와 인류에 기여하겠다는 원대하고 의미 있는 비전을 제시한다. 그들의 비전은 단순 명료하면서도 원대하다. 사무실 벽에 붙은 액자에서나 볼 법한 것이 아니다. 비전은 적합한 직원의 채용과 행동 원칙 및 동기부여의 토대가 되어 직원들을 하나로 만드는 구심점 역할을 한다. 예를 들어 페이스북의 성장에는 개방과 연결의 가치를 추구하는 CEO의 확고한 미션과 비전, 그리고 이를 가능하게 해주는 페이스북 고유문화인 '해커웨이'가 상당한 역할을 했다.

둘째, 혁신기업들의 임직원은 일에 대한 오너십이 강하다. 실리콘밸리 혁신기업들은 여타 기업에 비해 심리적 오너십의 강력한 영향력을 이해한다. 따라서 다양한 방법으로 직원들이 오너십을 느끼도록 노력한다.

셋째, 실패에 대해 관대한 태도를 보인다. 구글은 프로젝트가 실패하더라도 이를 면밀히 평가해 그것이 '사려 깊은' 실패라고 판단하면 해당 팀원들에게 질책 대신 인센티브를 준다. 일례

'눈에 보이지도 않고 손에 잡히지도 않는
조직문화가 창조적 성과 창출.'
성과보다는 사회와 인류에 기여한다는
원대한 비전 제시.
실패로 끝난 구글 웨이브 팀,
질책 대신 인센티브 받아.
바로 옆자리에서 일하는 창업자와
CEO의 모습은 흔한 풍경.

로 실시간 커뮤니케이션 플랫폼을 만들려는 야심에서 출발한 구글 웨이브가 실패로 끝났을 때 오히려 인센티브가 주어졌다고 한다.

넷째, 협업이 일상화돼 있다. 혁신기업을 방문하는 사람이라면 누구든지 놀라는 게 있다. 유독 열린 공간이 많다는 사실이다. 예컨대 당신 바로 옆자리에서 창업자나 CEO가 일하고 있다고 해도 전혀 놀랄 일이 아니다. 열린 공간은 협업을 촉진하는 작은 수단 가운데 하나일 뿐이다. 혁신기업은 그 밖에도 다양한 시도를 통해 협업 효과를 이뤄내고 있다.

다섯째, 본질에 집중함으로써 최고의 생산성과 효율성을 유지한다. 열심히 일하는 것만으로 충분하지 않다는 믿음이 있는 실리콘밸리 혁신기업들도 평가에 관해서는 여전히 고민을 안고 있다. 몇몇 기업이 실천하는 평가 방식에 대한 소개도 눈여겨볼 만한 대목이다. 혁신기업의 본질에 목말라하는 독자들에게 추천한다.

철학이 있는 경영자가 들려주는 '인생 바이블'

이나모리 가즈오의 왜 사업하는가
사람도 사업도 다시 태어나는 기본의 힘

수정판을 낼 정도로 자신 있는 책이라면 특별한 게 있을 것이다. 이렇게 시작된 책 읽기가 《이나모리 가즈오의 왜 사업하는가》(다산북스)다. 그의 저작물 가운데 최고로 꼽을 수 있을 만큼 기본을 강조하는 책이다. '기본에 충실한 회사는 결코 무너지지 않는다'는 제목의 서문이 책의 성격을 여과 없이 드러낸다. "이 책에는 평생 동안 올바른 성공의 길이 무엇인지 그 해답을 찾기 위해 애써 온 나의 여정이 흔적처럼 하나하나 새겨져 있다. 이 책은 '경영과 인생의 바이블'이라고 말하고 싶다." 이 같은 저자의 주장은 하나도 과장되지 않은 말이다.

요령과 거짓, 포장과 잔재주에 지나치게 무게중심이 실리는 사회다. 20여 년 전 첫선을 보인 그의 책이 담고 있는 지혜가 묵직하게 다가오는 것도 그 때문이다. "나는 왜 이 일을 해야 하는지 그 뜻이 바르고 확고하다면 사업이든 인생이든 제로에서도 무한대를 바라볼 수 있다."

불황의 칙칙한 분위기가 사회를 감싸 안고 있다. 이런 상황에서 교세라그룹의 이나모리 명예회장이 주는 메시지는 또렷하다. 상황이 어떻든 간에 '왜 나는 처음 이 일에 뛰어들었는가', 그리고 '이 일은 올바른 것인가, 그른 것인가'란 질문에 답할 수 있다면 누구든 다시 살아날 수 있다는 것이다. 기본을 바로 세우는 질문, 사업가의 자질과 능력을 키우는 법, 무너진 조직을 혁신하는 법, 가시밭길도 헤쳐나가는 성공 방정식, 마지막까지 잊지 않아야 할 초심 등 이 책에 담긴 내용은 어느 페이지에서부터 읽어도 갖가지 지혜들로 가득 차 있다. 마치 잠언을 읽는 것처럼 줄을 긋고 마음에 새기고 싶은 문장들이 그득하다.

이 책에는 세월을 이겨낸 사람들이 깊이 동감할 만한 내용이 많다. 그중 하나가 이런 말이다. "인간성, 인생관, 철학이 다듬어지고 성숙해져서 떳떳한 것이 되지 않으면 그 성공은 결코 지속될 수 없는 법이다." 여기에 더해 저자는 지나친 열정으로 인해 너무 극단적인 목표 지상주의에 매몰돼 몰락에 이르는 사례

"그 뜻이 바르고 확고하다면 제로에서도
무한대를 바라볼 수 있다."
어느 페이지에서 읽어도 좋은,
줄을 긋고 마음에 새기고 싶은
문장으로 가득한 잠언집.
세월을 이겨낸 사람만이 할 수 있는 말들.
그의 저작물 가운데
단연 최고로 꼽힐 만한 책.

를 언급한다. 주위 사람들을 이끄는 사람이라면 새겨야 할 내용도 많다. "어떤 방향에서 봐도 당당하게 말할 수 있는 고매한 목적의식이 없으면 있는 힘을 다해도 주위 사람들의 협력을 얻을 수 없고, 그 일을 성공시킬 수 없다."

이나모리 명예회장은 철학이 있는 경영자로도 통하지만 다른 한편으로는 놀라운 성과를 일궈낸 사업가이기도 하다. 노년에 통신회사를 설립해 성공시켰고, 정부의 요청으로 부실화된 일본항공을 정상화하는 데 도움을 줬다. 젊은 경영자를 위한 세이와주쿠 활동도 귀감이 된다. 그가 치열하게 현장을 뛰면서 체득한 것은 복잡하거나 어려운 게 아니다. 그는 단순한 원리로 새로운 길을 개척한 경영자다.

어려운 시대에 지혜와 용기, 그리고 위로를 구하는 이들에게 권하고 싶은 경영과 인생의 잠언집이다.

온라인 비즈니스 창업자에게
최우선적으로 필요한 것은

에어비앤비 스토리
어떻게 가난한 세 청년은 세계 최고의 기업을 무너뜨렸나?

2007년 창업한 에어비앤비의 시장 가치가 2017년 초 300억 달러를 넘어섰다. 미국 격주간 종합 경제지 《포춘》의 부편집장 레이 갤러거가 쓴 《에어비앤비 스토리》(다산북스)는 이 대단한 스토리를 만들어낸 사람들의 성공과 그 이후 이야기를 담았다. 풍부한 취재 경험이 어우러진 이 책은 기업가의 성공 스토리를 넘어 경제전문 기자가 바라본 에어비앤비의 혁신 전략에 대한 탁월한 관점이 담겨 있다.

디지털 혁명으로 모든 것이 연결되는 시대 상황에서 에어비앤비의 성공 스토리는 새로운 관점으로 세상을 바라보는 일이 얼마나 중요한지를 가르쳐주는 데 손색이 없다.

에어비앤비 창업자(브라이언 체스키, 조 게비아, 네이선 블레차르지크)가 우연히 기회를 잡은 이야기는 너무나 잘 알려져 있다. 2007년 샌프란시스코에서 열린 미국산업디자인협회 콘퍼런스에서 아파트 방을 임대하는 사업 구상에서 출발한다. 비용 부담을 조금이라도 줄이려는 의도에서 시작된 사업이다. 그들이 시장에 뛰어들 당시에도 집이나 공간을 대여하는 온라인 서비스 기업인 홈어웨이, 카우치서핑, 베드앤드브랙퍼스트 등이 영업 중이었다. 어떻게 후발주자로 출발해서 압도적인 강자로 자리매김할 수 있었을까.

저자는 세 가지 중요한 이유를 든다. 하나는 불황으로 경제적 어려움을 겪는 사람들에게 자신의 집으로 돈을 벌거나 좀 더 저렴하게 여행하는 방법을 제시한 점이다. 다른 하나는 기존 호텔업계와 달리 특별하고 색다른 경험을 여행자에게 제공하는 데 성공했기 때문이다. 이용객으로 하여금 간접적으로나마 '현지인' 체험을 할 수 있도록 해준 것이 좋은 성과로 이어진 것이다. 마지막으로 풍부하고 다양한 인간관계에 대한 강렬한 욕구를 충족시켜주려 한 것도 주효했다.

흥미로운 것은 그들의 시도가 아주 새로운 것은 아니었다는 점이다. 그들이 사업을 시작했을 때 많은 사람들은 별로 새로울 것이 없다는 반응을 보였다.

그들의 생각을 적극적으로 옹호한 인물 가운데 하나가 창업자 체스키의 할아버지였다. 손자의 사업 아이디어를 들은 그는 이렇게 말했다. "아, 맞아! 그게 우리가 여행하던 방식이지." 호텔 체인으로 인해 과거의 여행 방식이 사라져버렸다는 것이다. 호텔 체인이 등장하기 이전까지 여행객들이 집에 숙박하는 것은 흔한 일이었다.

이 책은 △좌충우돌의 시절, △위대한 기업의 탄생, △문화를 창조하는 법, △예상치 못한 최악의 위기, △파괴와 혁신의 역사, △리더로 성장하는 길, △에어비앤비가 꿈꾸는 미래 등 7개 장으로 구성돼 있다. 처음에는 의구심을 품다가 지분 참여로 큰 부를 움켜쥔 투자자 리드 호프만은 말한다. "그들의 아이디어뿐만 아니라 대담함과 당돌함에 주목했다. 이것이 온라인 마켓플레이스 비즈니스를 시작하는 창업자에게 최우선으로 요구되는 소양이다."

여하튼 창업이든 투자든 대다수의 동의를 얻는 것은 하늘의 별을 따는 것처럼 어려운 법이다. 새로운 것을 시도하는 사람들에게 세상의 반응은 비슷하다. "그게 될 수 있을까요?" 자기 생각이 또렷해야 하고, 이를 밀어붙일 수 있어야 귀한 것을 얻을 수 있다. 물론 고집스러움이 몰락으로 가는 지름길이 될 수도 있

새로운 관점으로 세상을 보는 것은
언제나 중요하다.
놀라운 사실은 에어비앤비가
후발주자였다는 점.
현지인 체험과 더 넓은 인간관계를
맺고 싶어하는 욕망을 선점.
할아버지 세대의 여행방식을
디지털 세대에게 전파.
아이디어는 기본, 대담함과 당돌함도 필요하다.

기에 주의해야 한다.

10년 만에 세계 최대 호텔 체인보다 더 큰 숙박 공급자로 떠오른 젊은이들은 기존 비즈니스 모델을 휘청거리게 하고 있다. 참 대단한 시대에 살고 있다는 확신을 더해주는 책이다.

플랫폼의 장악력은 앞으로 더욱 강화될 것이다

플랫폼 레볼루션
4차 산업혁명 시대를 지배할 플랫폼 비즈니스의 모든 것

"결국은 플랫폼이다."

여기저기서 모두가 4차 산업혁명을 외치고 있지만 정작 중요한 것은 제대로 주목받지 못하고 있다. 눈부시게 발전하고 있는 인공지능, 사물인터넷, 클라우드 컴퓨팅, 빅데이터, 모바일, 3D 프린팅의 신기술을 구현해내는 세계는 모든 제품과 서비스를 연결하는 초연결과 초지능 사회일 것이다. 이런 초연결의 주인공은 누구일까. 무엇이 초연결을 가능하게 할까. 한 걸음 더 나아가 초지능을 누가 활용해서 수익을 올릴 것인가. 한 단어에 모든 것이 모아진다. 그것은 '플랫폼'이다. 마셜 밴 앨스타인과 두

명의 공저자들이 집필한《플랫폼 레볼루션》(부키)은 현재 벌어지고 있는 중요한 경제적·사회적 현상인 플랫폼의 출현에 대한 꼼꼼하고 포괄적인 연구서다.

플랫폼은 구글, 아마존, 마이크로소프트, 우버, 이베이가 거둔 성공의 토대였다. 여기서 그치지 않고 플랫폼은 교육이나 에너지, 그리고 행정 분야에까지 광범위한 변화를 불러일으키고 있으며, 앞으로는 더욱 심해질 것으로 보인다. 저자들은 결론적으로, "디지털 연결성과 이를 가능케 한 플랫폼 모델이 세상을 영원히 바꿀 것이다"라고 주장한다. 이 주장은 이 책의 공저자이자 저명한 경영 사상가인 상지트 폴 초더리의 전망과도 일치한다. "제4차 산업혁명의 주인공은 플랫폼을 구축하거나 활용한 자가 될 것이다." 특히 산업화의 후발주자인 중국 기업의 플랫폼 구축은 놀라울 정도다. 이는 중국 시장과 중국어의 힘에 큰 빚을 지고 있는 현상이다.

아시아에 근거를 두고 최초의 대형 메시지 플랫폼으로 성장한 네이버의 라인은 중국 위챗에 빠른 속도로 추월당하고 말았다. 위챗의 성공 요인은 단순히 메시지 플랫폼에 그치지 않았다는 데 있다. 위챗은 단순한 앱이 아니라 하나의 생태계이다. 그곳에는 SNS는 물론이고 채팅, 동영상, 쇼핑, 지불 기능까지 포함되어 있다. 산업화 시대에 후발주자들이 선발주자를 따라잡는

디지털 연결성에 기반한 플랫폼이
세상을 영원히 바꾸게 될 것.
저자들이 주목하는 것은
중국 플랫폼 구축의 놀라운 속도.
위챗의 빠른 성장은
바로 플랫폼 혁신의 모범적 사례.
은행, 의료, 교육 등 정보 비대칭 산업의
미래는 불투명.
초연결 사회, 주인공은 플랫폼이 될 수밖에 없다.

데 수십 년이 걸렸음을 염두에 두면 경이로운 현상이라 할 수 있다. 한마디로 플랫폼이 등장한 이후에 비즈니스 판 자체가 달라지고 말았다. 우리가 주목해야 할 것은 플랫폼이 시장을 지배하는 현상이 더욱 가속화될 것이라는 점이다.

모두 12개 장으로 구성된 책은 플랫폼의 처음부터 끝까지 가능한 모든 토픽들을 다루고 있다. 따라서 4차 산업혁명 시대를 지배할 플랫폼 비즈니스에 관한 최초의 개설서이자 케이스 스터디 북이라 불러도 손색이 없을 것이다. 앞으로 어떤 산업이 플랫폼 혁명의 희생양이 될까. 저자들은 정보 집약적 산업, 확장 가능하지 않은 게이트키퍼가 있는 산업, 고도로 분화된 산업, 극단적인 정보 비대칭으로 특징 지어진 산업을 든다. 여기서 정보 집약적 산업에는 은행과 의료 그리고 교육이 포함된다. 저자들의 전망에 따르면 정보의 중요성이 크면 클수록 해당 산업은 플랫폼에 의해 변화될 가능성이 더 크다. 이런 점에서 일찍부터 미디어와 통신이 왜 플랫폼 기업에 의해 장악되었는지를 알 수 있다.

수십 명의 직원을 가진 플랫폼 기업이 직원 수천 명을 거느린 대형 기업보다 콘텐츠와 소프트웨어를 더 쉽고 빠르게 만들거나 해체할 수 있다. 자연스럽게 우리는 플랫폼이 미치는 쓰나미 같은 파급 효과를 예측할 수 있다. 신문사, 호텔 체인, 음반사 등이 힘들어 하는 것은 결국 플랫폼 기업의 약진에 의해 타격을 받은 경우이다. 빛이 있는 만큼 그림자가 있다 하더라도 우리는 이미 플랫폼 기업의 등장을 피할 수 없다. 이런 점에서 플랫폼 기업의 현재와 미래를 심층 분석한 이 책은 미래 준비에 상당한 통찰력을 제공한다.

PART 2

미래

F U T U R E

인공지능은
데이터 활용에 관한 것이다

인공지능 시대의 비즈니스 전략
누가 AI 환경을 지배할 것인가

《인공지능 시대의 비즈니스 전략》(더퀘스트)은 실무자가 쓴 인공지능에 관한 책이다. 학자들이 쓴 인공지능 도서는 다소 추상적이고 현학적인 내용이 많은 데 비해 SK텔레콤 데이터 사이언스 담당 상무가 쓴 이 책은 아주 구체적이고 실용적이다.

인공지능에 대한 저자의 정의는 "강력한 컴퓨팅 기술을 바탕으로 한 새로운 데이터 활용법"이다. 따라서 인공지능은 인간과 비슷한 것이 아니라 내연기관이나 자동차, 컴퓨터와 같은 범용기술이다. 책은 '도구에 대한 이해'와 '경영의 변화' '실질적 실행' 세 부문으로 나뉜다.

인공지능은 전체를 뭉뚱그려 이해하는 데서 어려움이 발생하기 때문에 분리해서 인식할 필요가 있다. 전체로 이해할 때 생길 오해도 피할 수 있고, 자신에게 꼭 맞는 분야를 선택해 활용할 수 있기 때문이다. 실제로 인공지능에 관해 논의할 때 이쪽에서 하는 말과 저쪽에서 하는 말이 서로 다른 것을 자주 목격한다.

인공지능 분야는 머신러닝, 자연어처리, 컴퓨터감각, 자동추론, 지식표현, 인지컴퓨팅, 패턴인식, 지능엔진 등으로 나뉜다. 이들 가운데 핵심은 머신러닝이다. 머신러닝은 풍부한 데이터만 있다면 기업의 거의 모든 영역에서 원가절감이나 가치창조에 활용할 수 있다.

머신러닝은 컴퓨터가 데이터를 활용해 스스로 학습하는 기술이다. 여기서 중요한 것은 컴퓨터가 스스로 한다고 해서 인간이 제어할 수 없는 것은 아니라는 점이다. 많은 오해가 바로 이 부분에서 발생한다.

머신러닝은 컴퓨터가 무언가를 인간처럼 하는 것이 아니라 인간의 제어 아래 스스로 데이터를 처리해서 기대하는 결과를 만들어내는 것이다. 저자는 이 부분에 대한 사람들의 오해를 지적하면서 다음과 같이 말한다. "머신러닝 단독으로는 아무것도 할 수 없다. 앞으로 머신러닝은 지금과 비교할 수 없는 수준으로

인공지능에 대한 오해는 전체를
뭉뚱그려 보기 때문.
인간과 비슷한 것이 아니라
자동차, 컴퓨터와 같은 범용기술로 봐야.
"인간의 학습과 인공지능의 학습은
분명 다르다."
현장에서 꼭 필요한 인공지능의 이해와
활용법을 담은 책.

발전할 것이 확실하지만, 그럼에도 불구하고 머신러닝에서의 학습과 인간의 학습은 분명히 다르다. 머신러닝은 인간의 여러 행위 중 학습이라는 행위를 흉내 내어 개발된 컴퓨터 및 데이터 활용 방법의 일종일 뿐이다."

참고로 머신러닝은 크게 세 분야로 나눌 수 있다. 바로 지도학습, 비(非)지도학습, 강화학습이다. 머신러닝의 장점을 최대한 발휘하는 것은 강화학습이다. 강화학습은 컴퓨터에게 상과 벌이라는 보상을 줌으로써 스스로 벌을 최소화하는 방식으로 학습 능력을 강화하게 만드는 방식이다. 오늘날 자주 언급되는 딥러닝은 머신러닝의 여러 계열 가운데 하나로 인공신경망의 일종이다. 따라서 개념도를 이용하면 도구, 기계, 컴퓨터, 인공지능, 머신러닝, 딥러닝 순서로 상위로부터 하위로 이동하게 된다. 금융업계의 대표적인 인공지능인 켄쇼, IBM의 의료 분야 인공지능인 왓슨 온 콜로지, 넷플릭스의 개인화 추천 시스템, 월마트 진열대의 스캔 로봇 등은 인공지능의 실용 사례에 속한다.

이 책에는 현장에서 열심히 활동해온 사람이 갖고 있는 인공지능에 대한 이해와 활용법이 고스란히 담겨 있다. 인공지능의 전체 윤곽과 구체적인 활용법에 대한 지식을 제공하는 책이다.

인간의 최고 전성기는
이제 지난 것인가

경제의 특이점이 온다
제4차 산업혁명, 경제의 모든 것이 바뀐다

가파른 기술의 발전 속도를 반영한 책들이 속속 선을 보이고 있다. 케일럼 체이스가 쓴《경제의 특이점이 온다》(비즈페이퍼)는 이미 출간된 기술 중심의 미래 전망서를 총정리하면서 저자의 관점을 더한 책이다. 기술의 미래에 대한 사실과 주장을 한번에 정리해볼 수 있다는 장점이 있다. △자동화의 역사, △이번에는 다를까?, △타임라인, △해결해야 할 과제, △시나리오 등 모두 6개 장으로 구성돼 있다.

자동화의 역사를 정리하면서 저자는 이런 의문을 던진다. "19세기 후반이 '말의 최고 선성기'였듯이, 20세기 초반이 노동

현장에서 '인간의 최고 전성기'로 기록되며 인간도 말처럼 쇠퇴의 길을 걷게 되는 것은 아닐까?"

이 책에서 가장 집중적으로 탐구해야 할 부분은 2장으로 기존 기술 전망서의 내용을 총정리하고 있다. 전망은 크게 두 부류로 나뉜다. 먼저 기계지능이 실현되면 다른 유형의 자동화가 생겨날 것이며, 이는 대다수 직업의 종말을 의미한다는 주장이다. 마틴 포드의 《로봇의 부상》, 에릭 브린욜프슨의 《제2의 기계시대》, 리처드 서스킨드의 《4차 산업혁명 시대, 전문직의 미래》 등이 이런 주장을 담고 있다. 기술혁신으로 신사업에서 성공을 거둔 제리 카플란은 《인간은 필요없다》에서 "인공지능이 티핑포인트에 도달하면 컴퓨터는 육체노동과 정신노동을 가리지 않기 때문에 인간의 삶은 거의 모든 부분에서 완전히 뒤바뀔 것"이라고 주장한다. 또한 앤디 홀데인 영국 중앙은행 수석 경제학자는 "자동화가 인간의 일자리를 대체하는 효과가 생산성 향상으로 인한 일자리 창출 효과를 넘어서기 시작했다"며 "인간의 최고 전성기는 하락의 길을 걷게 될 것"이라고 전망한다.

하지만 이런 우울한 전망이 거짓 경고라고 주장하는 전문가들도 있다. 데이비드 오터 미국 MIT 경제학 교수는 〈왜, 일자리가 여전히 이렇게 많을까〉라는 논문에서 "의사소통, 융통성, 적응성 같은 이른바 인간적인 능력에서 인간이 계속해서 우위를

인공지능과 자동화에 대한
두 가지 상반된 주장.
직업의 종말 vs 더 많은 일자리.
저자가 내린 결론은
"그렇다. 이번에는 다르다."
기술의 미래에 대한 사실과 주장을
한 권의 책으로 정리.

점할 것"이라고 주장한다. 로빈 핸슨 미국 조지 메이슨대 교수는 비관적인 전망을 펼치는 사람들의 부정직함을 나무라기도 한다. "결국 마틴 포드의 속내는 불평등이 심해지는 것이 못마땅한지, 세금을 더 걷어 기본소득을 제공할 재원을 확보해야 한다는 생각인 듯하다."

두 가지 상반된 주장을 소개한 다음 저자는 인공지능을 비롯한 기술 진보의 현주소와 미래를 다룬다. 결론은 기계 학습 알고리즘으로 대표되는 인공지능 기술은 우리가 상상할 수 없을 정도로 대단한 능력을 발휘한다는 사실이다. 게임, 퀴즈, 자율주행차, 검색, 이미지 인식, 음성 인식 등 다방면에서 놀라운 성과를 거두고 있다. 기술 진보에 대한 긍정과 부정 그리고 현주소와 미래 전망 등을 소개한 다음 저자는 이렇게 결론 내린다. "그렇다, 이번에는 다르다."

3장부터는 완전히 달라질 미래에 대한 다양한 전망을 내놓는다. 3장 '타임라인'에서는 2021년을 포함해 10년 터울로 교통, 제조업, 소매업 등으로 나눈 다음 미래 전망을 시도하고, 4장과 5장에서는 경기 위축과 재화 배분 등 산적한 문제들에 대한 논의, 그리고 기계와 경쟁하게 될 미래 사회의 시나리오를 다양한 관점에서 다룬다. 이미 출발한 다양한 기술에 대한 상반된 의견을 서로 대비해볼 수 있도록 도와주는 책이다.

우리에게도 매우 중요한 과제, 인더스트리 4.0

4차 산업혁명과 제조업의 귀환
독일 전문가들이 들려주는 인더스트리 4.0의 모든 것

서점가에는 4차 산업혁명을 다룬 책들이 즐비하다. 이들 가운데 김은 외 11인이 쓴 《4차 산업혁명과 제조업의 귀환》(클라우드나인)의 뚜렷한 특징은 협업의 결과물이란 점이다. 다양한 배경을 가진 사람들이 저마다의 입장에서 4차 산업혁명의 이모저모를 정리했기 때문에 풍성한 정보들을 포함하고 있다. 그동안 선을 보인 4차 산업혁명 관련서 가운데 이처럼 10여 명이 참가한 협업의 결과물로 이뤄진 책을 보지는 못했다. 그만큼 4차 산업혁명에 대한 종합적인 정보의 보고라고 이름 붙일 수 있을 것이다.

책은 4차 산업혁명의 기원과 미래 시나리오, 4차 산업혁명 시대의 디지털 트랜스포메이션, 4차 산업혁명 시대의 정보보호와 표준, 4차 산업혁명 시대의 인간에 부합하는 스마트 인사조직으로 구성돼 있다. 인더스트리 4.0과 스마트 팩토리를 생산성과 자원의 효율성 향상을 위한 자동화나 인력절감만으로 이해하는 사람들이 있다. 더 중요한 의미는 개인화된 고객의 요구사항을 충족시키기 위해 생산 체계를 전면적으로 개편하고자 하는 것을 뜻한다. 제조업을 기준으로 하면 인더스트리 4.0은 자동화 수준도 높고 유연성도 높은 생산 체제를 말한다.

독일에서 인더스트리 4.0이 등장한 이유는 제조 분야에 투입할 수 있는 인력이 부족하고 인건비가 높기 때문이다. 한국을 비롯한 다수의 국가가 이런 환경에서 제조업을 해야 한다면 인더스트리 4.0은 우리에게도 매우 중요한 과제임에 틀림없다. SAP코리아의 정대영과 보쉬코리아의 하희탁은 먼 미래가 아니라 지금 일어나고 있는 각 사의 변화를 생생하게 전하고 있다. 지멘스의 암베르크 공장, 아디다스의 스피드 팩토리, 할리데이비슨의 요크 공장, 보쉬의 홈부르크 공장, 독일 블라이햐흐 공장 등에 대한 소개가 인상적이다. 예를 들어 지멘스 공장 내 모든 기계장치는 통합 운영 소프트웨어에 연결돼 있고, 1000개의 센서와 스캐너가 부착돼 있어 기계 이상이나 불량품을 감지해낸다. 수만 개의 부품에는 일련번호가 매겨져 있어 조그만 이상이

11명의 관련 연구원들이
참여한 협업의 결과물.
독일 인더스트리 4.0의 등장 배경은
인력 부족과 높은 인건비.
한국도 곧 비슷한 상황에 처할 것.
저자들이 말하는 4차 산업혁명의 핵심은
스마트 팩토리.
"스마트 팩토리가 없다면
인더스트리 4.0이라 할 수 없다."

생겨도 즉시 어떤 부품이 잘못됐는지 확인할 수 있다. 컴퓨터가 분석하는 데이터는 1일 5000만 건 정도가 되고, 연간 182억 건이 넘는다.

4차 산업혁명이 제조업에 주는 메시지 가운데 가장 뚜렷한 특징은 스마트 팩토리다. 스마트 팩토리가 전체 산업의 혁명을 불러일으킬 것이라는 점이다. 여기서 스마트 팩토리는 사이버 물리 시스템 기술이 전면적으로 도입된 미래의 공장을 뜻한다. 저자들은 "사이버 물리 시스템이 없는 공장은 스마트 팩토리라 할 수 없고, 스마트 팩토리가 없다면 인더스트리 4.0이라 할 수 없다"고 말한다. 사이버 물리 시스템은 가상세계와 물리적 실체가 연동된 시스템을 말하며, 가상의 영역에 속하는 컴퓨팅, 통신, 제어를 실제 물리적 세계와 통합한다.

스마트 팩토리는 제조 장비와 물류 시스템들이 인간의 개입 없이 폭넓게 자율적으로 조절되고 운용되는 공장이다. 스마트 팩토리의 기술적 기반은 사물인터넷의 도움으로 상호 커뮤니케이션하는 사이버 물리 시스템이다.

한 나라의 경제규모 측정하는, 여전히 가장 중요한 도구

GDP 사용설명서
번영과 몰락의 성적표

GDP(국내총생산)의 전모를 파헤친 책이 나왔다. 한 나라의 경제 규모를 측정하는 표준 척도인 GDP에 관한 비판적인 내용이다. 그럼에도 저자는 GDP를 "20세기의 가장 위대한 발명 중 하나"라고 강조한다.

영국 재무부에서 근무한 경험이 있는 경제학자 다이앤 코일 맨체스터대 공공정책학과 교수가 쓴《GDP 사용설명서》(부키)는 GDP의 개념과 역사 그리고 한계를 지적하면서 동시에 GDP가 여전히 경제 정책에 중요한 지표임을 변론한다. 어느 정도의 물질 수준을 성취한 사회는 성장과 분배를 두고 이견이 표출되는 경우가 많다. 성장하더라도 나누는 것에 문제가 있으면 "성장이 왜 중요한가"라는 문제가 제기되기도 하며, 이른바 낙수효과에 대한 비판의 목소리도 나온다. 그러나 한 나라 경제에서 가장 중요한 지표는 GDP이며, 어떤 경우에도 나라 경제는 계속 성장해야 한다.

△GDP의 탄생, △전성기, △위기, △고민, △반성, △미래 등 6개 장으로 구성된 책은 GDP라는 용어를 다양한 측면에서 파악하고 있다. GDP는 제2차 세계대전이 낳은 발명품이다. 물론 그 이전에도 나라 경제를 물질적 생산을 중심으로 이해하는 사고방식이 널리 수용됐다. GDP에 대한 잦은 몰이해는 국민경제에 씻을 수 없는 피해를 준다. 과거 IMF의 공식적인 견해는 "경제위기가 발생하면 정부 재정지출을 엄격하게 관리해야 한다"는 것이었다. 한국도 1997년 외환위기 당시 이 같은 정책 때문에 큰 피해를 입었다. 최근 경제위기 초기의 몇 년 동안 재정정책의 승수는 1보다 훨씬 크다는 결론이 도출되었다. 한마디로 긴축정책이 단기 GDP 성장률에 해를 끼친다는 것이다.

2차 세계대전 이후에는 정밀한 재정정책으로 GDP를 조절할 수 있다는 견해가 힘을 받았다. 전후 30년이란 황금기에는 이런 견해가 압도적 우위를 차지하였고, 성공적 사례 가운데 하나로 유럽 복구를 도왔던 마셜 플랜을 들 수 있다. 그러나 1970년

"20세기 가장 위대한 발명 중 하나."
수많은 논란 속에서도 굳건하게
자리 잡은 경제지표.
GDP의 개념과 역사
그리고 한계를 지적한 책.
혁신 효과와 행복 등 후생 측정상의
한계를 내포하고 있지만
GDP를 대신할 계기판은 아직 없다.

대 들어 스태그플레이션이라는 경기침체가 장기화하면서 GDP
를 조절할 수 있다는 믿음에 금이 가기 시작했다. 오늘날에도 정
교한 정책에 의해 GDP를 조절할 수 있다는 믿음을 가진 전문가
가 있지만 대체로 과거에 비해 그런 믿음이 희박해진 것은 사실
이다. 근래에는 GDP에 대한 회의론과 대체론이 설득력을 얻고
있다.

GDP 측정 방식으로는 혁신 효과를 충분히 포착할 수 없을
뿐 아니라 날로 중요성을 더해가는 서비스 활동을 측정하는 것
이 어렵다. 그 밖에 후생 측정상의 문제는 GDP가 가진 한계를
드러낸다. 이런 연장선상에서 최근에는 GDP 대신 즐거움이나
행복 또는 후생을 측정 목표로 삼아야 한다는 주장이 제기되고
있다. 물질인가, 후생인가를 둘러싸고 뜨거운 논쟁이 일고 있는
것도 사실이다.

경제성장보다는 행복을 중시하자는 주장에 열을 올리는 사
람들도 있다. 마이클 샌델은 "시장 지향적인 사고방식에서 대단
히 두드러지는 한 가지 가정에 의문을 제기해야 한다. 그것은 모
든 상품이 동일한 공통분모로 측정될 수 있으며, 모든 상품이 아
무런 가치 손실 없이 단 하나의 가치 척도나 단위로 전환될 수
있다는 가정"이라고 주장했다. 이런 논쟁에도 불구하고 저자
의 결론은 단호하다. "안타깝게도 정치 논쟁에서 막대한 영향력

을 발휘하는 GDP를 갈아치울 만한 계기판은 아직 등장하지 못했다."

정책당국자들은 한국의 장기불황 진입 여부를 두고 다양한 의견을 내놓고 있다. 그러나 이미 한국은 장기불황의 긴 터널 속에 진입한 지 몇 해 흘렀다. 장기불황은 끝없이 이어지는 저성장의 길고 긴 터널 속을 헤매는 것을 뜻한다. 지갑이 얇아지면 사람들의 고통도 심해진다. 가장 중요한 나라 일은 무엇보다 GDP 성장률을 회복시키는 일이다. GDP에 대한 여러 이야기가 나올 수 있지만, 그럼에도 불구하고 시민들에게 GDP 성장률은 안보 다음으로 중요한 지표다. 그러나 오랜 세월 동안 지속됐던 건실한 성장 덕분에 한국인들 가운데 많은 사람들이 GDP 성장의 중요성을 잊어버린 것 같다.

GDP는 경제의 복합성을 반영해야 하고, 물리적인 상품 대신 서비스와 같은 무형 상품을 포함할 수 있어야 하며, 자원고갈과 같은 지속 가능성 문제를 포함하는 방향으로 개선돼야 한다. 그럼에도 여전히 GDP는 결정적인 지표이며, 성장의 중요성이 간과돼선 안 될 것이다.

기술의 변화는 반드시
부의 재편으로 이어진다

4차 산업혁명 그 이후 미래의 지배자들
2030 기술 변곡점의 시대가 온다

지금 일어나고 있고 앞으로도 일어나게 될 기술혁신과, 이를 뒤따르는 변화를 잘 정리한 책이 있다. 바로 MBN 미디어기획부장과 산업부장을 겸하고 있는 최은수가 쓴《4차 산업혁명 그 이후 미래의 지배자들》(비즈니스북스)이다. 한마디로 4차 산업혁명의 개관서이다. 4차 산업혁명의 처음부터 끝까지를 잘 정리한 책이기에, 저자의 주장대로 '4차 산업혁명 교과서'라 불러도 손색이 없다. 4차 산업혁명이 무엇인지, 그것이 우리 삶과 산업을 어떻게 바꿔놓을지, 기업들은 어떤 혁신을 시작했는지, 경제는 물론 비즈니스 모델이 어떻게 바뀌는지, 새로운 부를 창출할 기회를 어떻게 잡을지, 어떤 사람들이 부자가 될 수 있을지, 지금 어떤 혁신적 비즈니스 모델이 등장하고 있는지 등 4차 산업혁명이 가져다줄 미래를 탐구한 책이다.

이 책은 다른 4차 산업혁명 관련 서적들과 달리 저자가 내용을 정확히 아는 상태에서 기술했다. 따라서 독자들은 4차 산업혁명과 관련된 그 어떤 서적들보다도 내용을 쉽게 이해할 수 있다. 또 책을 읽으면서 발견한 유익한 정보를 바로 스마트폰을 이용해 응용해볼 수 있다는 장점도 지녔다.

책은 △제4의 혁신은 어떻게 진행되는가, △비즈니스 혁명이 일어나는 초월의 세상이 온다, △시장을 지배하는 뉴챔피언이 온다, △앞으로 10년, 어떤 세상이 펼쳐질까, △앞으로 10년, 새로운 비즈니스 모델이 탄생한다 등 5개 장으로 구성되어 있다. 독자들은 목차를 살펴보는 것만으로도 어떤 책인지, 어느 부분부터 읽어야 할지를 파악할 수 있을 것이다.

4차 산업혁명은 지금까지 등장한 모든 기술을 융합해 생물학적·물리적 경계, 산업 간 경계를 무너뜨릴 것이다. 현실 세계와 가상 세계가 융합함으로써 가상 세계가 현실에 구현되고, 가상 세계가 아날로그화하는 새로운 세상이 열리게 될 것이다. 이런 변화를 압축하는 한 단어는 ICBMA이다. 사물인터넷, 클라우드, 빅데이터, 모바일, 인공지능이 조합된 단어이나. 이들 중에서

도 우리가 특별한 관심을 가져야 할 분야는 인공지능이다. 인공
지능은 인간이 해오던 일들을 대신하게 되는데 로봇 변호사, 로
봇 회계사, 로봇 어드바이저, 로봇 통역사, 로봇 의사, 로봇 연주
자, 로봇 화가의 눈부신 활약을 목격하게 될 것이다. 금속과 컴퓨
터 칩으로 만들어진 로봇과 인간이 경쟁해야 하는 숨 막히는 시
대가 우리들의 목전에 다가왔다.

　4차 산업혁명은 모든 사물이 연결된 초연결 사회, 인공지
능으로 무장한 초지능 사회, 모든 산업의 경계가 무너지는 초산
업 사회를 가져올 것이다. 저자는 향후 10년을 마지막 두 개 장
에서 구체적으로 전망하고 있다. 인공지능의 활약, 현실로 다가
온 100세 시대, 입는 로봇 등장으로 인간의 능력 향상, 유전자 가
위를 이용한 불치병 완치 로봇의 등장, 맞춤형 정밀 의료 시대의
전개이다. 향후 10년을 주도할 비즈니스 모델은 플랫폼 경제, 공
유 경제, 온디맨드 경제, 긱(Gig) 경제, 한계비용 제로 경제, 빅브
라더, 디지털 식스 센스, 디지털 사이니지, 패시브 인컴 사회다.

　인류 역사는 변혁을 가져올 수 있는 기술 변화가 곧 거대
한 부의 재편을 낳는다는 사실을 보여왔다. 저자의 주장대로 기
술을 잘 활용하는 자와 그러지 못하는 자 사이에 불평등이 크
게 심화하는 사회가 될 것은 분명하다. 그렇다면 무엇을 어떻게
준비해야 할 것인가를 고민하는 이라면 읽어볼 만한 책이다. 인

일반인도 쉽게 이해할 수 있는
4차 산업혁명의 교과서 같은 책.
기술의 이해 정도가
사회적·경제적 불평등을 야기한다.
그렇다면 미래를 위해
무엇을 준비할 것인가.

류 역사를 개관해볼 때 기술적 변혁기가 지나고 나면 부, 경제, 산업, 기업, 정치, 문화 등에서 대단한 재편이 일어나고 만다. 승리한 자는 축배를 들지만 패배한 자는 수익 기반을 잃어버린 채 고난의 행군에 들어가게 된다. 지금 우리가 경험하고 있는 것은 2000년을 전후해서 휘몰아쳤던 인터넷 혁명 이른바 닷컴혁명에 버금갈 정도의 변화다. 20여 년 만에 온 기회와 위기의 순간이기도 하다. 당시에 한국 사회의 분위기는 외환위기를 딛고 일어선 이후의 상승세를 탄 모습이었다. 지금은 날로 낮아지는 성장세와 불확실한 안보 환경에서 경제주체들이 움츠러드는 모습이 확연하다. 그럼에도 불구하고 이 파고가 잦아들 무렵이면 '아, 그때가 또 한 번의 대단한 기회의 시간이었구나'라는 깨달음을 얻는 사람들이 많을 것이다. 격동기는 기회와 위기가 요동치는 시기임을 명심해야 한다.

숨을 돌릴 수 있을 때
관리해야 한다

한국이 소멸한다
인구 충격에 내몰린 한국 경제의 미래 시나리오

실증 자료를 통해 한국의 인구 추세를 꼼꼼히 전망한 책이 나왔다. 전영수의 《한국이 소멸한다》(비즈니스북스)이다. 한국의 인구 문제를 진단하고, 향후 전개 방향을 전망하며 대책을 정리한 책이다. 저자는 정부의 곳간 사정으로 미루어볼 때, 노년 인구 30년을 보장해줄 수 없음을 분명히 밝힌다. 2016년의 국채 적자 규모 600조 원은 1997년의 60조 원에 비해 10배 증가한 수치다. 생산 가능 인구는 2017년부터 줄어들기 시작했는데, 이 추세가 계속된다면 결국 2036년을 전후해 성장률 제로 퍼센트 시대의 개막을 피할 수 없을 것이다.

현재와 같은 지출 구조를 한국이 지속한다면 어떤 상황을 맞을까? 저자의 주장은 명쾌하다. "숨을 돌릴 수 있을 때 관리해야지 그냥 방치하면 한국 같은 대외 의존도가 높은 소규모 경제 체제는 재정 적자를 버텨낼 수 없다." 적자를 버텨낼 수 없다면 어떻게 되는가. 저자는 "혁명적 인식 전환과 구조 개혁으로 재정 건전성을 개선하지 않으면 외환위기 때처럼 빚쟁이의 독촉과 협박에서 결코 자유로울 수 없을 것"이라고 엄중히 경고한다.

일본 사회에는 주목해야 할 특별한 현상이 있다. 도쿄 등 수도권으로 거주지를 옮기는 노년 인구가 본격적으로 늘어난다는 사실이다. 이런 현상은 2010년 이후 뚜렷하게 나타난다. 매년 10만 명 이상의 인구가 도쿄로 이사하는데 이들 가운데 상당수가 노인이다. 일부 지역은 전입 초과 절대다수가 65세 인구로 조사됐다. 중요한 이유는 질병 치료 때문이다. 일본 노인에게 익숙한 노인 주거 전용 주택인 '서비스 부가 고령자 주택'이 도쿄권에 집중된 것도 한 가지 이유다.

저자는 서울 강남 3구 및 은평, 마포구의 노년 인구 전출입 증가 추세를 분석했다. 서초구는 주거비 부담이 무척 크지만 초과 전입자가 뚜렷함을 확인할 수 있었다. 일본 노년 인구 전입 이유와 다르지 않다. "잘 정비된 의료와 간병 시설 및 서비스에 대한 수요 욕구가 이유인데, 실제로 80세 이상의 사회 전입이 눈

엄밀한 통계 분석에 기반한 탄탄한 내용.
혁명적 인식 전환과 구조개혁을
요구하는 엄중한 경고.
노년 인구의 증가와 대도시 쏠림 현상에
특히 주목.
서울의 부동산 가격에도 영향을 미칠 것.
인구 문제는 당장 인기 없더라도
장기적 정책으로 접근해야.

에 띄게 늘었다." 이를 바탕으로 저자는 서울이 '고령공화국'이 될 것으로 예측함과 아울러 서울의 집값이 떨어지지 않을 것으로 추측하기도 한다. 왜냐하면 체류 자격을 갖춘 이들은 한정된 자원을 이미 상당 부분 확보한 중년 혹은 노년 기성세대 중 일부일 것이기 때문이다. 이런 가설을 받아들일 것인가, 말 것인가는 독자들이 판단할 몫이다. 분명한 것은 노년 인구가 증가할수록 서울을 향한 집중이 더욱 심화함은 피할 수 없을 것이란 점이다.

흥미로운 사례 한 가지가 소개돼 있다. 스페인에는 '야요 플라우타'라는 독특한 집회가 있는데, 매주 월요일 노년 인구가 벌이는 거리 집회다. 이들은 정치권을 향해 청년들의 이해를 대변하고자 모인다. 청년 실업 문제를 그들의 문제가 아니라 자신들의 문제로 바라보는, 깨어 있는 노인들의 집회다.

사실 한국은 긴 시각을 갖고 정책을 집행해나갈 여력이나 의지를 잃어버린 지 오래다. 누가 맡더라도 당장 인기를 끌 만한 정책에 집중하면서 세월을 흘려보낸 지가 제법 됐다. 인구문제는 한 사회의 미래에서 가장 중요한 과제다. 젊은 인구가 줄어들면 모든 것이 악화한다.

저자는 현재 한국이 직면한 세 가지 과제인 저성장, 재정난, 인구병 가운데 인구문제가 가장 심각하다고 주장한다. 사람이 하는 일 가운데 해결하지 못할 문제가 얼마나 될까를 생각한다.

우리가 기억해야 할 것은 인구문제는 한 국가가 당면할 수 있는 변화 가운데 예상 가능하면서도 파급효과가 아주 큰 변화 가운데 하나라는 점이다. 즉, 충분히 예상 가능한 현상이란 얘기다. 우리 사회는 출산율을 끌어올리기 위해서 근본적인 처방전이 필요하다. 청년들의 취업난은 기업 환경의 개선에서, 주거난은 대도시권의 택지공급 증가에서, 교육비 부담은 제대로 된 교육개혁에서 해법을 찾아야 한다. 하지만 타성과 관성에 기초한 생각으론 탈출구를 마련하는 일이 여의치 않다. 생각이 바뀌어야 행동이 바뀔 수 있다.

우리 역사에서 역동적으로 움직였던 짧은 시절을 제외하곤 뭘 제대로 준비한 적이 많지 않다. 뻔히 보이는 문제가 인구인데, 역사를 반복하지 않기를 바랄 뿐이다. 엄밀한 통계 분석에 기초한 저자의 노력에 박수를 보낸다.

지능, 감성, 창의성에
기술지능을 더하라

기술지능
미래의 속도를 따라잡는 힘

변혁의 시대다. 기술 변화가 앞으로 어떤 세상을 펼치게 될지 기대와 아울러 위기를 느낄 때가 잦다.

정두희의 《기술지능》(청림출판)은 기술의 변화를 오랫동안 탐구해온 저자가 변화의 흐름을 꿰뚫고 새로운 통찰력을 갖길 원하는 독자들을 위해 집필한 책이다. 특히 '기술지능'이라는 다소 생소한 개념을 중심으로 시장에서 이미 일어나고 있고, 곧 일어나게 될 기술 변화와 이에 성공적으로 적용하는 있는 경영자들의 대응책을 중심으로 다뤘다.

저자가 말하는 '기술지능'은 무엇을 뜻할까? 우리에게 익숙한 지능지수, 감성지수, 창의성지수 등에 더해지는 것이 기술지능이다. 기술지능은 기술로 역량을 증폭시킬 줄 아는 능력을 의미한다. 다시 말하면 기술 속에 숨겨진 가치를 감지하고, 기술이 자신에게 어떤 의미가 있는지를 해석하고, 한발 더 나아가 기술의 힘을 자신의 역량으로 흡수해 탁월하게 활용해내는 능력을 뜻한다. 기술지능을 설명하는 데 적합한 대표적 사례로 페이팔, 스페이스엑스, 솔라시티의 주역인 일론 머스크를 들 수 있다.

책은 기술 변화, 그리고 이를 성공적으로 활용하는 여러 기업과 창업자 및 경영자들의 실전 사례를 담았다. 따라서 최신 트렌드와 사례 연구에 대한 정보를 한 권의 책으로 입수할 수 있다는 점에서도 유용하다. 오랫동안 자신의 분야를 들여다보지 않은 전문가는 좀처럼 다룰 수 없는 사례들이 포함되어 있다. 저자의 탐구 결과물이 이 책의 방대한 사례 연구에 고스란히 담겨 있다.

저자는 2012년부터 2016년까지 글로벌 제조기업을 이끄는 최고 경영진 2000명의 개인적 특성이 혁신적 성과를 창출하는 능력과 어떤 관계가 있는지를 연구했다. 이 연구 대상에는 GE, 3M, 애플 등과 같이 잘 알려진 기업뿐만 아니라 진로직, 란덱, 캘리퍼처럼 잘 알려지지 않은 중소기업도 포함되어 있다.

이 책의 백미는 연구 결과에서 저자가 찾아낸 녹특한 개념이다. 기술지능은 감지(Identification) 영역, 해석(Interpretation) 영역, 내재화(Internalization) 영역, 융합(Intergration) 영역, 증폭(Inflection) 영역으로 구성된다. 이 다섯 가지 영역의 첫 문자를 따서 '5I'로 정리할 수 있다. 5가지를 가장 잘 조합한 인물이 전기자동차 테슬라모터스의 일론 머스크이다.

저자는 경영자는 물론이고 일반인들도 다섯 가지 개념을 이해하고, 이를 삶과 업무에 적용할 필요가 있다고 주장한다. '감지'는 미래 기술이 가져올 변화를 파악해내는 능력을 말하며, 이는 수많은 기술과 지식 속에 숨겨진 기회를 간파하는 통찰력이다. '해석'은 기술의 잠재성을 이해하는 능력을 말하며, 기회가 자신에게 어떤 의미인지를 해석해내는 능력이기도 하다. 아무리 좋은 기술을 눈앞에 두더라도 자신과 어떤 관련이 있는지, 어떻게 활용할지에 대한 가능성을 해석할 수 없다면 소용이 없다. '내재화'는 탁월한 기술의 힘을 자신의 역량으로 습득하는 능력을 말한다. '융합'은 다양한 기술적 아이디어를 결합하는 능력을 말하며, 미래 시장에서는 수많은 기술을 성공적으로 융합하는 능력이 실력으로 통하게 될 것이다. 마지막으로 '증폭'은 기술을 이용해 자신의 역량을 향상하고, 시장과 기회에 미치는 영향력을 높이는 능력이다.

기술지능을 이루는 다섯 가지 개념은 일반인들에게 어떤

기술지능은 기술로 역량을
증폭시킬 줄 아는 능력.
글로벌 제조기업의 2천 명 경영진을
연구한 결과물.
기술지능의 다섯 가지 영역을
모두 가진 인물로
전기자동차 테슬라의 일론 머스크 꼽아.
경영자뿐 아니라 일반인에게도
반드시 필요한 지능.

의미가 있을까? 결론에 해당하는 7장은 '어떻게 기술지능을 높일 것인가'라는 제목하에 12가지 실천방법을 제시하고 있다. 개념적 틀과 실천법 사이에는 다소 간격이 있지만 참고할 만하다. 진행되고 있는 기술 변화의 실체와 대응책에 관심을 둔 독자라면 들여다볼 만한 책이다.

전에 없던 규모의 버블 붕괴,
이후에 오는 기회와 고통

2019 부의 대절벽
피할 수 없는 거대한 붕괴가 시작된다

신간을 내면 꼭 읽어보게 되는 작가가 있다. 인구구조와 소비 흐름을 중심으로 미래를 전망하는 해리 덴트가 바로 그런 작가다. 그의 책《2019 부의 대절벽》(청림출판)의 원제 '일생일대의 세일 (The Sale of a Lifetime)'과 부제 '2017~2019년 일어나게 될 엄청난 버블의 붕괴는 당신을 어떻게 부자로 만들어줄 수 있을 것인가(How the great bubble burst of 2017~2019 can make you rich)'는 이 책이 어떤 내용을 담고 있는지 잘 말해준다. 이 책은 지나치다 싶을 정도로 철저한 실증분석에 기초해 앞으로 경제에 어떤 일이 일어날지를 예측한다.

사람들은 버블이 터지기 전까지 그것을 보기 힘들다. 부채 버블, 부동산 버블, 그리고 주식 버블을 볼 수 있는 사람은 극소수에 지나지 않는다. 그러나 버블 붕괴로 파급되는 효과로부터 자신을 보호하기를 원하는 사람이라면 이런 주장에 의문을 제기해야 한다. 버블 붕괴가 일어나는 2~3년의 혹독한 시기는 때로 10년까지 갈 수도 있다. 이때 주식과 부동산 그리고 기업은 헐값으로 시장에 나오게 된다.

버블은 일정한 주기로 반복해서 일어난다. 그가 즐겨 사용하는 '80년 사계절 경제주기'에 의하면 2008년 미국발 글로벌 금융위기는 마땅히 대공황에 필적할 정도의 큰 버블 붕괴로 이어졌어야 했다. 버블은 수많은 사람들에게 고통을 안겨다주지만 순기능이 없는 것도 아니다. 버블이 붕괴되는 동안 벌어지는 파괴적인 기업 도산과 경기 둔화는 방만함으로 얼룩졌던 경제를 깨끗하게 청소한다. 계절로 따지면 버블 붕괴는 겨울의 혹한기이긴 하지만, 과잉 생산능력을 털어내고 새롭게 봄의 혁신을 꽃피울 토양을 제공한다.

2008년 세계 경제 위기가 왔을 때 각국 정부는 경쟁적으로 돈을 풀어서 경기를 부양하는 데 안간힘을 썼다. 마땅히 붕괴됐어야 할 버블이 경기부양책과 화폐 발행으로 터무니없는 수준까지 확장돼 있다는 게 저자의 진단이다. 그의 결론은 명쾌하다. 그

터지기 전까지는 존재를 보지 못하는 버블.
방만함으로 얼룩진 경제를 깨끗이
청소하는 버블의 순기능도 다뤄.
버블은 불가피하지만 정치인들은
일단 막고 보자는 마음.
그것이 더 큰 버블로 이어진다.
"버블은 반드시 터진다. 그것도 극적으로!"

어떤 것보다 큰 버블 붕괴가 일어날 것이고, 그 후에 엄청난 고통과 기회가 뒤따르게 될 것이라는 점이다.

2008년 위기 이후 각국의 중앙정부는 1930년대 초반과 같은 위기를 막기 위해 10조 달러 이상의 돈을 찍어 위기를 모면했다. 그렇다면 그 많은 돈은 어디로 간 것일까. 저자는 버블이 결코 사라질 수 없다고 말한다. 주식과 부동산 가격을 끌어올려 잠시 연기된 형태로 우리 곁에 머물고 있을 뿐이다. 어떤 정치인도 재임 중에 위기가 발생하기를 원하지 않는다. 일단 막고 보자는 것이 정치인들의 바람이다.

저자는 단언한다. "지난 7년 동안 현실과 동떨어진 채 주식 시장이 팽창되어 버블이 만들어진 것은 시장에 개입하는 것이 자신의 의무라고 생각한 사람들 탓이다." 그러나 역사의 교훈은 자명하다. "모든 부채 버블은 금융자산(주식, 부동산, 상품 등등) 버블로 이어지며, 모든 금융자산 버블은 터진다는 사실이다. 그것도 극적으로 붕괴한다." 비극적인 상황에서도 준비된 사람들은 상당한 규모의 돈을 벌 수 있다. 버블 붕괴는 전체 금융 시스템의 붕괴를 가져온다. 현금과 가장 안전한 장기 채권을 가진 사람들이 승자 대열에 서게 된다. 현금을 쥐고 있었던 사람들은 버블 붕괴 시에 형편없는 수준까지 떨어진 각종 자산을 사 모을 수 있는 귀한 기회를 얻게 된다. 버블붕괴가 많은 패자들을 낳지만 다른 한편에선 "버블 붕괴 이후 헐값 판매를 이용하여 단기간에 엄청난 부를 쌓을 수 있었다"고 환하게 웃는 소수를 낳게 된다. 결국 모든 것은 게임이다.

저자의 주장에 불편해하는 사람도 있을 것이고, 걱정하는 사람도 있을 것이다. 저자의 주장이 말도 안 된다고 생각할 수도 있다. 그러나 명백한 사실은 그의 책은 주장이 아니라 실증 분석서라는 점이다. 그리고 선동적이라고 표현할 정도로 대단한 설득력을 지니고 있다.

다행스러운 일은 그의 엄중한 경고에도 불구하고 아직 버블 붕괴의 본격적인 조짐은 보이지 않는다는 것이다. 그러나 현재 상태를 과열이라고 판단한 미국 연방준비은행은 2018년 한 해 동안 네 차례에 걸쳐 이자율을 올릴 것으로 보인다. 그만큼 경기 과열을 우려하기 때문일 수도 있고 버블 붕괴로 이어질 가능성을 선제적으로 대처하는 면도 있을 것이다. 우리가 염두에 둬야 할 사실은 산이 높으면 골이 깊다는 평범한 진리다. 제대로 된 경제의 청소작업을 수행하지 않은 채 돈만 풀게 되면 언젠가 그 비용을 톡톡히 지불하고야 만다는 사실이다. 문제는 '언젠가'인데, 그것을 정확하게 예측하기가 어려울 뿐이다. 헤리 덴트가 쓴 책들은 언제 읽어도 영감과 통찰력을 제공한다.

스마트폰에 뜨는
'기저귀 갈아주세요'

연결지배성
연결을 지배하는 자가 세상을 지배한다

저자가 참 부지런하다고 생각하게끔 하는 책이다. 이따금 특유의 부지런함으로 자신의 분야에서 일어나는 최신 정보를 잘 정리해 전하는 전문가들이 있다. 《연결지배성》(클라우드나인)을 쓴 조광수가 바로 그런 사람이다.

이 책에서는 사물인터넷이 어떻게 우리 생활 속으로 파고들어오는지를 다룬다. 특히 가정용 사물인터넷 서비스와 디바이스를 소개한다. 이미 상용화한 159가지 사물인터넷 제품들에 대한 정보를 하나하나 읽어가는 동안 "세상 참 대단하다!"라는 탄성을 이끌어낸다. 스마트홈을 주제로 조리, 주방, 가전, 에너지,

건강, 조명, 홈케어 등의 분야에서 팔리고 있는 사물인터넷 제품들이다.

사물인터넷 서비스는 하드웨어 기기 없이는 불가능하다. 주로 여러 가지 기기 사이에서 발생하는 데이터를 연결해 이루어진다. 예를 들어, 미국 메트로마일의 보험에 가입하면 메트로마일 펄스라는 기기를 보내준다. 자동차의 운전석 아래에 있는 운행기록 자기진단장치와 연결하면 된다. 일반 보험회사들이 연 단위로 고정 보험료를 요구하는 것과 달리 메트로마일은 주행거리에 따라 보험료가 매겨진다. 사물인터넷의 대표적인 사례다.

KT는 2016년 '기가 IoT 헬스 체지방계 플러스'라는 8만 원대 제품을 출시했다. 스마트폰과 연결된 일종의 스마트 체중계다. 체중계 옆의 버튼을 눌러 사용자를 등록하면 체중을 측정할 때 LED 불빛으로 체중의 증감 상태를 보여준다. 스마트폰으로 일일, 주간, 월간, 연간 체중 및 체성분 변화를 제공받을 수 있다. 최대 8명까지 등록해 이용할 수 있다.

'하기스 트윗피'는 아기가 오줌을 싸면 바로 부모에게 트위트를 날리는 센서가 부착된 기저귀이다. 아기의 기저귀에 펭귄 모양의 센서를 부착하면 트윗피가 습도를 감지해 기저귀의 젖은 정도를 판단, 대변이건 소변이건 보호자에게 알려준다. '기저귀 갈 시간', '조금 쌌어요', '전혀 걱정하지 마세요' 등과 같은 메시지가 스마트폰에 뜬다. 일반 기저귀보다 30% 정도 비싸지만 판매된 지 제법 되었다.

'아트모프'는 벽에 걸거나 스탠드에 세워두고 사용하면 전 세계 아름다운 곳의 장면을 감상할 수 있다. 모든 조작은 스마트폰 앱으로 가능하다. 와이파이로 조절할 수 있는데, 예술작품 모음집은 6개월, 12개월 단위로 구독 가능하다.

'스위처'는 스마트폰 앱으로 조명을 제어할 수 있는 장치다. 스마트폰에서 예약 설정을 하면 그 시간에 스위처가 작동하기도 한다. 한마디로 잠자리에 누워서 전등을 켜거나 끌 수 있다는 이야기다. 렌털 서비스로 제공되는 사물인터넷 사례이다.

이 책에 소개된 159개 사물인터넷은 사물을 인터넷으로 연결해 스마트폰으로 조작 가능한 세계가 어떤 것인지를 보여준다. 사물인터넷은 특별한 목적을 가진 스마트(임베디드) 디바이스, 인터넷 서비스, 인터넷에 연결할 게이트웨이 디바이스, 모바일 앱으로 구성된다. 책을 통해 우리가 파악할 수 있는 것은 어떤 사물인터넷 디바이스 혹은 스마트 싱스(Smart Things)가 팔리고 있는가이다. 스마트 싱스는 스마트화한 사물을 말한다.

냉장고, 세탁기, 청소기, 체중계 등 모든 제품은 과거엔 그저 독립된 제품으로 머물러 있었다. 사용자의 직접적인 지시나 명령을 수행할 뿐이다. 작동 시작 그리고 작동 끝 정도였다. 그

하나하나 읽어 내려가다 보면
"세상 참 대단하다" 탄성을 자아내게 되는 책.
전문가가 잘 정리한 사물인터넷 백과사전.
스마트폰으로 조작 가능한
159개의 스마트 싱스.
얼리어댑터를 위한 실속 있는 정보 담아.

러나 스마트 싱스는 네트워크에 연결되어 인공지능과 센서 혹은 스마트폰 앱 등에 의해 지시와 명령을 받을 수 있는 똑똑한 제품을 의미한다. 사물인터넷은 모든 기기나 디바이스가 네트워크의 일원으로 참여하는 것을 가능하게 하고 있다.

사물인터넷에 정통한 전문가가 제공하는 백과사전 같은 책이다. 앞서가는 사람이라면 제품 한두 가지를 구입해 사용해볼 수도 있다. 사물인터넷이 펼치는 세계는 지금 이 순간에도 더 편안하고 좋은 것을 향해 계속 전진하고 있다. 엄청난 기회들이 사물인터넷에서 쏟아져 나오고 있음을 확인하는 데 손색이 없다.

가벼움은 범세계적 현상이자
새로운 문명의 특성

가벼움의 시대
우리 시대를 지배하는 가벼운 것의 문명

가벼워도 너무 가벼운 시대가 됐다. 가벼움을 향한 전진은 앞으로도 멈춰 설 전망이 보이지 않는다. 옳고 그름을 따져볼 수도 있지만, 그보다는 가벼움이 우리들의 삶에 어떤 영향을 미치게 될지를 곰곰이 생각해볼 가치가 있다.

철학과 교수인 질 리포베츠키의 《가벼움의 시대》(문예출판사)는 문명의 중심축 가운데 하나로 중요성을 띠기 시작한 가벼움을 다양한 각도로 조명한 책이다. 이는 책을 구성하고 있는 8개 장에 고스란히 반영돼 있다. △안락함, 경제, 소비, △새로운 몸, △마이크로, 나노, 비물질적인 것, △패션과 여성성, △예술

속의 가벼움에서 예술의 가벼움으로, △건축과 디자인: 새로운 가벼움의 미학, △우리는 쿨한가, △자유, 평등, 가벼움.

독자 가운데 우리 사회가 지나치게 가벼워지고 있다는 점을 못마땅해하는 사람도 있을 것이다. 하지만 저자의 연구를 따라가다 보면, 이것이 범세계적 현상이자 새로운 문명의 특성이라는 점을 이해하게 될 것이다.

"우리가 이처럼 가볍고, 유동적이고, 빠르게 이동하는 물질세계에서 살았던 적은 결코 없었다. 가벼움이 이만큼 기대와 욕망, 강박감을 만들어낸 적도 결코 없었다. 가벼움이 이만큼이나 많이 사고팔게 만든 적도 결코 없었다." 하지만 이런 가벼움을 찬양하는 시대가 비단 지금만의 일은 아니다. 일찍이 프리드리히 니체는 "가벼운 것이 좋은 것이다"라고 목소리를 높인 적이 있다.

가벼움을 불러일으킨 핵심적인 요인은 무엇일까. 세계와의 관계가 극단적으로 개인화되는 현상이 가벼움이란 혁명을 불러일으킨 주요 원동력이 됐다. 저자는 "개인들은 종교와 가족, 이념에 얽매이지 않은 채 '분리되고' 풀리고 이탈해 마치 사회적으로 부유 상태에 있는 원자들처럼 기능한다. 그러면서 역설적인 결과를 낳는다"고 말한다. 이제 사람들은 젖과 꿀이 흐르는 이상적인 나라를 기다리지 않는다. 더 이상 혁명, 해방 등을 믿지 않

가벼움은 무조건
비난의 대상이 되어야 할까?
니체는 말했다. "가벼운 것이 좋은 것이다."
가벼움은 그냥 스쳐가는 유행이 아니라
새로운 부류의 문명을 구축하게 될 것이다.
피할 수 없는 가벼움의 시대를 잘 조명한 책.

는다. "사람들은 그냥 가벼움을 꿈꿀 뿐이다"라는 저자의 말에 공감하게 된다.

앞으로 가벼움은 어떻게 변모될까. 가벼움은 스쳐가는 유행이 아니라 새로운 부류의 문명을 구축하게 될 것으로 전망된다. 바로 '가벼운 것의 문명'이다. 저자의 전망은 이렇다. "이 문명은 이제 겨우 시작되었을 뿐이지만, 하루가 다르게 새로운 영역을 확장해가면서 새로운 위업을 달성하고, 새로운 희망과 불안을 동시에 불러일으킨다."

가벼운 것의 하이퍼모던한 혁명은 클라우드 컴퓨팅에서 바이오테크놀로지까지, 나노 물체에서 첨단 기술 제품까지, 날씬함에 대한 숭배에서 가벼운 먹거리까지, 활강 스포츠에서 긴장해소 테크닉까지, 패션 경향에서 엔터테인먼트 산업에 이르기까지 전방위로 막강한 영향력을 행사하고 있다.

가벼움은 하찮고 무의미한 유행이 아니라 총체적인 사회적 사실로 자리 잡고 있으며, 세계를 변화시키는 가장 큰 힘이 되고 있다. 하지만 가벼운 것의 문명은 결코 가볍게 사는 것을 뜻하지 않는다. 사회적 규범의 무게는 가벼워졌지만 삶은 더 무거워질 수밖에 없기 때문이다. 실업, 불확실성, 빠듯한 일정, 삶의 무게감은 훨씬 묵직해지는 시대가 됐다.

이 책을 읽으면서 문득 떠오르는 것은 가벼움이 정치 지형

도에도 큰 영향을 미치게 될 것이란 점이다. 시민들은 먼 미래보다 가벼운 즐거움을 선사하는 정치인이나 정책에 후한 점수를 주는 시대가 펼쳐질 것이란 점이다. 옳고 그름을 따지는 사람에게는 불편한 현상이지만 결코 피할 수 없는 가벼움의 시대를 잘 조명한 책이다. 관찰자의 입장에서 세상 변화를 바라볼 수 있게 돕는 책이기도 하다.

중국의 공산정권은
정당성이 있는가

하버드대학 중국특강
하버드 석학들의 36가지 질문, 중국의 현재와 미래를 묻다

미국의 대단한 지적 인프라를 확인할 수 있는 책이다.《하버드대
학 중국특강》(미래의 창)은 미국의 중국 전문가 36명이 중국의 과
거, 현재, 미래와 관련해 일반인이 꼭 알아야 할 사항을 정리했
다. 이 책은 오랜 역사를 가진 하버드대 페어뱅크 중국연구소 설
립 60주년을 기념해 연구소 석학 36명이 지난 60년 동안 중국
연구 성과의 미래 전망을 집약해낸 서적이다. 필진은 각자의 분
야에서 중국 정부와 미국 정부, 그리고 전 세계인이 귀 기울여야
할 소중한 조언을 쏟아내고 있다. '중국을 이해하는 데 필요한
가장 현실적인 조언'이란 서문의 제목은 이 책의 특징을 정확하

게 보여주는 표현이다. 중국에 관심이 있거나 중국에서 사업하는 사람이라면 필독서로 권하고 싶다. 독서를 마칠 즈음이면 중국 사회의 현안과 미래에 대해 어느 정도 윤곽을 파악할 수 있을 것이다. 이 책은 정치, 국제 관계, 경제, 환경, 사회, 그리고 역사와 문화라는 여섯 가지 주제로 나뉘어 있고 다시 36개의 소주제로 분류돼 있다. 중국 공산정권은 정당성이 있는가, 반부패 운동의 숨은 의도는 무엇인가, 중국은 아시아를 이끄는 국가가 될 수 있는가, 중국의 군사력은 얼마나 강한가, 중국은 고성장 기조를 유지할 수 있는가, 중국 경제는 경착륙을 향해 가고 있는가, 중국은 국제 무역 규정을 지킬 것인가 등이 소주제다. 중국과 인접해 있는 한국이 중국의 현재와 미래를 이해하는 데 큰 도움을 줄 것이다. 서구인의 시각에서 집필된 책이긴 하지만 보편적인 기준을 적용하려 노력한 모습이 보인다.

중국은 역사적 기록을 왜곡하는 방식으로 체제 정당성을 확보하려는 노력을 기울이고 있고, 이런 노력은 견뎌내기 힘든 저항에 부딪힐 수밖에 없다. 그럼에도 불구하고 독재 정권이 가까운 장래에 통치의 정당성을 상실할 가능성은 적다. 한 가지 주목해야 할 사실은 통일된 중국이 역사적으로 이례적인 현상이라는 점이다. 또한 역사적으로 중국의 통일은 정치적 통일이 아니라 문화적 단일성에 기초를 둔 통일이었다. 시진핑 지하에서 가

"중국은 아시아를 이끄는
국가가 될 수 있는가?"
중국을 이해하는 데 필요한
가장 현실적인 조언.
한국은 물론이고 전 세계인이
귀 기울여야 할 소중한 정보 담아.
한편으로는 미국의 대단한
지적 인프라에 탄복하게 되는 책.
중국에서 사업을 하는 사람에게는 필독서.

열차게 추진돼온 반부패운동은 정적 제거와 당 통치의 정당성을 약화시키는 사회적 변화의 물결을 가로막기 위함이다. 그러나 저자는 "역설적이게도 시진핑의 정책이 단기적인 측면에서 성공할수록 장기적인 정치, 사회적 안정성은 위태로워질 수밖에 없다"고 전망한다.

이제 중국은 '권위주의의 전형적 규범으로 회귀하는 과정'을 보이고 있다. 더욱이 장수하는 중국 지도층 인사를 염두에 두면 이는 특별한 의미가 있다. 앞으로 경제성장률은 5~6% 이하로 계속 떨어질 수밖에 없지만 성장률 감소가 본질적인 실패를 뜻하지는 않는다. 저자는 "중국인과 외국인이 이 부분을 명확히 인지할 필요가 있다"고 강조한다.

앞으로 중국은 시진핑 주석의 장기집권에 따라 제조업 강국으로 입지를 굳힐 것이다. 정치적 안정 위에 그 거대한 국가가 수십 년간 5~6%로 성장하게 되면 전 세계는 물론이고 주변국에 미치는 파급효과 또한 대단할 것으로 예상된다.

중국이 반도체를 육성하는 데 100조 원 이상을 투입하기로 결정한다 해도 그 어느 나라가 그런 불공정 행위에 대해 감히 항의할 수 있겠는가. 오로지 미국만이 중국 당국자로 하여금 국가 차원의 제조업 육성책이 불공정 무역행위라고 지적하고 조치를 취할 뿐이다. 한국인늘이 경제와 안보에서 자존을 유지하기 위

해서 정말 대오각성하지 않으면 이웃나라의 꼴이 나지 않으리라
는 법이 어디에 있겠는가. 귀한 정보와 전망을 담은 책이다.

기계가 아닌
소프트웨어로서의 자동차

넥스트 모바일: 자율주행혁명
4차 산업혁명의 가장 파괴적인 혁신이자 문제작 무인자동차

어떻게 구글 같은 IT 기업들이 자동차시장에 출사표를 던질 수 있을까. 일반적으로는 그다지 가슴에 와 닿지 않을 수도 있다. 하지만 모바일 시대의 다음 요소로 주목받는 것 세 가지를 꼽는다면 인공지능 심화 기술, 빅데이터 경제, 5세대 통신 서비스다. 서로 다른 듯한 이들이 하나로 수렴되는 것이 바로 '자율주행차'다. 이 자동차에는 운전대도, 브레이크도, 내연기관도 존재하지 않는다. 그야말로 미래 자동차는 운전자 도움 없이 완전히 자율적으로 움직일 것으로 예상된다.

《자율주행혁명》(더퀘스트)의 저자인 호드 립슨은 인공지

능 분야에서 상당한 권위를 갖고 있는 컬럼비아대 기계공학과 교수다. 이 책은 그동안 만난 자율주행차 관련 서적 가운데 손에 꼽을 만큼 탄탄한 내용으로 구성돼 있다. 무인자동차 상용화가 어느 정도 진행됐는지, 기존 자동차 기업과 구글 같은 IT 회사가 차세대 자동차시장에서 더 많은 몫을 차지하기 위해 어떻게 경쟁을 벌이는지를 다룬다. 무엇보다 이 책의 백미는 무인자동차가 만들어갈 미래 신세계를 포괄적으로 다루고 있다는 점이다. 자동차업계와 IT업계의 치열한 경쟁과 제휴, 스스로 생각하고 판단하는 기계, 스마트 고속도로가 아니라 스마트 자동차, 파급효과(일자리·산업·오락과 범죄) 등 12개 주제를 살펴보는 것만으로도 이 책을 개관하는 데 문제가 없을 것이다.

자동차 기업과 IT 기업은 무인자동차 도입을 놓고 서로 다른 방식을 주장하고 있다. 자동차 기업은 점진적 도입을 예상한다. 오늘날의 자동차를 오랫동안 유지하며 운전 보조 기술을 개선해 나가면서 서서히 무인차로 전환한다는 생각이다. 반면 IT 기업은 전면적인 도입이 불가피할 것으로 내다본다.

여기서 중요한 것은 소비자들이 뭘 원할 것인가 하는 점이다. 지금의 10대가 미래 소비자로 성장하면 그들은 자동차를 완전히 새로운 시각으로 바라보게 될 것이다. 자동차의 특성을 기계가 아니라 소프트웨어로 인식하게 될 것이라는 얘기다. 더욱

무인자동차가 만들어갈 미래의
신세계에 대한 안내.
지금의 10대에게 자동차는
완전히 새로운 대상.
그들에게 자동차는
기계가 아니라 소프트웨어다.
차 안에서 행동의 자유를 얻은 사람들은
무엇을 할까?

이 그들은 운전 자체를 시간 낭비로 간주하고, 목적지까지 이동하는 데 시간을 줄일 수 있다면 뭐든 환영한다는 반응을 보일 것이다. 결과적으로 저자들의 주장은 이렇다. "자율주행차의 기술적 준비는 거의 마무리 단계에 이르렀다. 다만 그 기술을 받아들일 사회적 준비가 덜 돼 있을 뿐이다."

저자들은 손과 발이 자유로운 운전이 가까운 장래에 일어날 수 있다고 예측한다. "무인자동차는 방대한 데이터를 바탕으로 움직이고, 동시에 움직이면서 데이터를 생산할 것이다. 데이터가 기하급수적으로 늘면서 운전은 더 안전해지고 경로가 단축될 것이다."

결론으로 무인자동차 등장이 가져올 사회적인 파급효과를 손에 잡힐 듯이 제시하고 있다. 트럭과 택시 운전사의 실직과 차 안에서 행동의 자유를 얻은 사람들을 위한 새로운 마케팅 등장 등에 대해 낱낱이 말한다. 미래에 관심을 가진 사람들에게 일독을 권한다.

PART 3

리더십

LEADERSHIP

창업보다 더 어려운 일은
교만을 경계하는 것

정관정요 강의
리더십 천 년의 지혜를 읽다

"세월을 통해 검증 받은 리더십 교본."

다구치 요시후미는 사장학과 제왕학 등에서 발군의 실력을 발휘하는 작가이자 강연자다. 그가 쓴《정관정요 강의》(미래의 창)는 게이오대 마루노우치 시티캠퍼스에서 한 서학강좌 6회를 편집한 책이다. 중국 역사에서 가장 태평하고 흥성한 '정관의 치'를 이끈 당 태종 이세민과 부하 사이에 오간 대화를 정리한 책이《정관정요》다. 장기간에 걸쳐 조직에 안정과 평화를 가져올 수 있는 비결을 정리한 이 책은 전 10권, 40편으로 구성돼 있으며 제왕학의 고전으로 일컬어지고 있다. 방대한 분량 때문에 일반 독자는 전문가의 도움을 받을 수밖에 없는데, 이런 전문가 가운데 저자는 손에 꼽을 수 있는 사람이다. 6회에 걸친 강좌는 《정관정요》의 핵심을 정리해서 사람들에게 제공하는 데 손색이 없다.

6장으로 이뤄진 책은 《정관정요》의 진수를 담고 있으며 무엇보다 쉽게 쓰여 있다. 책을 열면 당나라 건국 10년에 위징, 방현령과 함께 '창업과 수성, 어느 쪽이 어려운가?'라는 주제를 두고 왕과 신하들이 나누는 대화를 소개한다. 위징은 "창업은 그리 어려운 일이 아니다. 더 어려운 일은 일단 나라를 세우고 난 후에 군주에게 교만이 싹트지 않게 하는 것이다"라고 주장한다. 그렇다면 수성에서 가장 중요한 것은 무엇일까. '창업수통, 계체수성'에 답이 있다. 사업이나 기업의 근본을 명확히 세우는 것, 즉 전통을 만드는 것이 우선이고 그다음으로는 이 전통을 확실히 이어받아 자기 회사만이 가진 강점을 키워나가는 것이다.

건국 11년 되던 해에 위징은 군주가 지녀야 할 본연의 자세를 '십사구덕(十思九德)'이라 불리는 훈계로 정리해서 제시했다. "인간은 탐욕스러운 존재다. 때로 '이것을 가지고 싶다'는 강렬한 충동에 사로잡힌다면 '지금 가진 것만으로도 충분하지 않은가'라며 탐욕스러운 자신을 경계하라"는 권면으로부터 시작된다. 오래전에 쓰인 책이지만 거듭 확인하게 되는 것은 인간이란 방대한 분량의 제왕학 고전.
현대 비즈니스맨을 위해 핵심만 정리.
왜 창업보다 수성이 어려운가?
태평성대일수록 조심해야 할 것들이 더 많다.
'초심을 지켜내기 위한 십계명'은
오늘날의 리더들이 꼭 읽었으면 하는 내용.

존재는 별반 변한 것이 없다는 사실이다. 수천 년 전의 대화와 교훈에서 엊그제 나눈 이야기 같은 생동감이 느껴진다. 특히 '십사'의 여섯 번째에는 지금 우리 사회 모습을 떠올리게 하는 조언이 들어 있다. "나태해질 것 같다면 어떤 일이든 귀찮아하지 말고 열심히 노력했던 초창기를 떠올리며 해내야겠다고 새롭게 결의를 다져라." 또한 정관 13년, 위징이 간언하는 '초심을 지켜내기 위한 십계명'은 오늘 이 땅의 사람들이 또박또박 읽어봤으면 하는 내용을 담고 있다.

정관 2년 당 태종은 옛사람의 말을 인용해서 "배우지 않으면 담장 앞에 서 있는 것과 같고, 담장 안의 정원이 보이지 않으니 앞으로 나아갈 수 없다"고 말한다. 이렇게 자신을 갈고 닦았던 당 태종도 말년에 큰 실책을 범하고 만다. 부하들의 간언에도 불구하고 무리하게 고구려 원정에 나섰다가 큰 실패를 맛본 것이다.

갑질의 원인은
'배려 없음'

태도의 품격
최고의 조직은 왜 매너에 집중하는가

"품격을 갖고 살아가길 소망하는 사람을 위한 매뉴얼."

막무가내, 버릇없음, 가벼움과 경박함이 물결치는 시대다. 품격이나 품위와 같은 용어들이 고루한 것처럼 간주되는 시대이긴 하지만 여전히 인간다움을 보증하는 징표는 품격이란 단어다. 로잔 토머스의 《태도의 품격》(다산북스) 원제에는 '비즈니스 에티켓(Business Etiquette)'이란 부제가 붙어 있다. 저자는 22년간 일류 기업들을 대상으로 비즈니스 에티켓을 강의해온 비즈니스 매너 컨설턴트다. 비즈니스맨을 대상으로 집필된 책이지만 궁극적으로는 품격 있는 태도가 무엇인지를 다루면서 스스로를 멋진 사람으로 만들어가는 방법을 가르쳐준다.

사실 예의범절을 지키는 일은 자신을 훌륭한 인물로 만드는 방법일 뿐만 아니라 조직 구성원 사이의 신뢰를 높이는 방법이기도 하다. 예의는 어디에 기초하고 있을까. 시인이자 소설가인 마야 안젤루의 한마디에 그 진실이 고스란히 담겨 있다. "나는 사람들이 상대방의 말과 행동을 잊어도 그때의 기분을 절대 잊지 않는다는 사실을 배웠다."

예의는 존중에서 시작된다. 상대방을 존중하는 마음가짐만으로도 예의가 나오게 된다. 이 책은 그런 토대 위에 상대방에게 어떤 태도를 보여야 할 것인가를 주로 다루고 있다. 7개 장은 존중하는 태도, 사교의 기술, 프로다운 자세, 매너 있는 행동, 대화의 정석, 디지털 커뮤니케이션, 비즈니스 미팅으로 구성된다. 매너에 관한 원칙은 물론이고 식사 예절, 회의 예절, SNS 예절, 이메일 예절 등 구체적인 부분까지 세세하게 다룬 책이다.

근래에 우리 사회에서 분노를 사고 있는 갑질과 같은 문제도 상대를 배려할 줄 안다면 일어날 수 없는 일이다. "내가 당신을 존중하고 있습니다"라는 메시지는 태도로 표시된다. 이 때문에 때때로 태도는 사실 그 자체보다 중요하다. 장소와 환경에 맞는 시의적절한 태도는 상대방에게 호감을 전달할 수 있다. "모든 동료를 똑같이 존중하고 친절하게 대하며 늘 올바른 태도를 보

22년간 비즈니스 에티켓을 강의해온
컨설턴트가 집필.
"상대의 말과 행동은 잊을 수 있지만
그때의 기분은 기억에 남아."
이메일 에티켓을 위한 확실한 가이드도 제시.
비즈니스 현장뿐 아니라 어디에서든
적용되는 '태도의 문제'.
품격은 인간다움을 보증하는 징표다.

여라. 항상 긍정적인 표현을 사용하고 칭찬과 격려, 축하, 사과를 아끼지 말아라." 이처럼 간단명료한 메시지를 실천하는 데 돈이 드는 것도 아니다. 타고난 품성이 어느 정도 역할을 할 수 있지만 훈련하기에 따라서 얼마든지 자신을 변화시킬 수 있다.

저자는 회의장에서 상대방에게 불쾌한 이미지를 전달하는 구체적인 태도를 낱낱이 제시한다. 상대방에게 힘을 불어넣는 태도도 소개한다. 팔짱을 끼거나 구부정한 자세, 창 밖을 응시하거나 눈을 굴리거나 찡그리거나 고개를 절레절레 흔드는 행동도 피해야 할 것들이다. "내가 이렇게 하면 상대방이 어떤 기분이 들까"라는 간단한 질문을 자신에게 던지는 것만으로 어떤 태도를 취해야 할지 답을 얻을 수 있다. 저자는 이메일 에티켓에서도 확실한 가이드라인을 제시한다. 젊은 세대 가운데 이메일에서 이모티콘을 사용하는 경우를 보게 된다. 이해할 수 있는 일이지만 항상 3P(퍼블릭, 프라이빗, 프로페셔널)를 따져보면 바로 답을 얻을 수 있다. 태도 경쟁력에 관심이 있는 독자에게 추천하고 싶은 책이다.

정신을 최상의
무기로 활용하라

엘리트 마인드
세상을 리드하는 사람들의 숨겨진 한 가지

개인의 성과와 성공은 100% 정신력에 달려 있다. 사람들 대부분은 이런 주장이 지나치다고 생각할 것이다. 하지만 미국의 저명한 리더십 컨설턴트이자 스포츠 심리학자인 스탠 비첨의 의견은 확신 그 이상이다. 왜냐하면 신체를 지배하는 것은 정신이기 때문이다.

비첨이 지은 《엘리트 마인드》(비즈페이퍼)는 정신을 무기로 세상에서 승리하는 방법을 다룬 책이다. 그의 주장은 매일 스포츠 선수들을 돕는 위치에서 겪은 체험과 이론이 잘 배합돼 나온 것이다. 고수들로 가득 찬 세계에서 재능과 경험만으로 계속 높은 성과를 내기는 힘들다. 왜냐하면 최고들이 경쟁하는 곳에서는 모두가 재능과 경험을 지니고 있기 때문이다. 따라서 계속 높은 성과를 거두기를 소망하는 사람이라면 정신을 자유자재로 활용하는 기술을 배워야 한다. 그가 선수들에게 조언할 때 바라는 것은 한 가지다. "신념이 성과를 좌우할 수 있다는 사실을 선수가 깨닫는 것"이다. 그의 오랜 컨설팅 경험은 '난 이건 못 해'라는 생각이 '내가 변화하면 이것도 해낼 수 있다'는 신념으로 바뀌면서 행동과 결과물도 변화한다는 것을 말해준다. 직장인이든 운동선수든 현재의 성과는 잠재된 신념 체계의 총합이다. 스스로 '할 수 있다'고 믿으면 해낼 가능성이 있지만, 할 수 없다고 믿는다면 시도조차 할 수 없게 된다. 신념은 육체를 지배하고, 육체는 행동을 지배하며, 행동은 성공을 결정한다. 성과를 좌우하는 세 가지는 신념, 생각 그리고 행동이다. "신념과 생각, 행동 중 어느 하나라도 변화하면 나머지 둘에도 영향을 끼친다. 그리고 이 세 가지가 조화를 이룰 때 최대한의 성과를 낼 수 있다."

세 가지가 조화를 이루는 방법은 의외로 간단하다. 미래나 목표에 도달하도록 돕는 신념은 누가 강요하는 것이 아니라 스스로 선택하는 것이다. 이 책을 읽어나가다 보면 지나치게 자기 암시적인 조언에 때로는 불편함을 느끼는 사람도 있을 것이다. 비첨에게 코칭을 받았던 한 증권사 임원은 추천사에서 저자가

"조금 나아지겠다는 생각을 버리고
최고가 되고자 하라."
스포츠 심리학자가 말하는
신체를 지배하는 정신의 힘.
신념은 육체를 지배하고,
육체는 행동을 지배하며,
행동은 성공을 결정한다.

자신에게 심어준 것을 세 가지로 정리한다. 첫째, 조금 더 나아지 겠다는 생각을 버리고 최고가 되겠다는 생각을 품게 했다. 둘째, 사람마다 성과가 다르게 나오는 이유를 체계적인 이론으로 설명 해줬다. 셋째, 최고의 성과를 내는 사람은 타인의 조언을 따르는 것이 아니라 자신의 생각을 따르는 용기가 있음을 가르쳐줬다.

'엘리트 마인드'는 정신을 최상의 무기로 활용하는 방법을 말한다. 그렇다고 해서 엘리트 마인드가 항상 잘해야 함을 뜻하 는 것은 아니다. 안 풀리는 날도 있고 실수할 때도 있음을 기꺼 이 인정하고, 그런 날도 계속해서 전진하는 것이 엘리트 마인드 다. 승리를 위해 정신을 자유자재로 다루기를 원하는 사람들에 게 권하고 싶은 책이다. 신념이 무너지면 나머지 것들은 오합지 졸이 되고 만다.

최고의 동기를 부여하는 것은 '자부심'

프라이드
인생 최고의 순간을 만드는 원초적인 힘

사람은 보상만으로 움직이는 존재가 아니다. 사람은 자신이 뭔가 가치 있는 일에 헌신하고 있다고 느낄 때 기쁨을 느끼고 최선을 다한다.

제시카 트레이시의 《프라이드》(알에이치코리아)는 '무엇이 우리를 움직이는가?'라는 질문에 대한 답을 탐구한 책이다. 저자가 15년간 심리학자로서 연구한 결과 발견한 것은 '프라이드(pride)'이다. 프라이드야말로 성취, 창조 그리고 혁신을 추구하게 하는 가장 중요한 동력이라는 점이다. 프라이드를 느끼고자 하는 강렬한 욕구가 바로 우리가 인생이라고 부르는 긴 여성에 의미를 부여하고 끊임없이 야심을 자극한다.

자부심 혹은 자존감으로 번역할 수 있는 '프라이드'는 '스스로 기분 좋게 느끼는 감정'을 말한다. 분노, 두려움, 기쁨, 슬픔과 같은 감정뿐 아니라 프라이드도 인간의 행동을 촉발시킨다. 이를 증명하기 위해 저자는 북미와 이탈리아에서부터 아프리카 소수 민족에 이르기까지 전 세계를 돌아다니면서 입수한 풍부한 데이터와 과학적 근거를 제시한다.

"땀 흘려 노력하는 사람들에게 동기를 부여하는 감정은 자부심이다. 자신이 바라는 사람이 되기 위한 모든 일을 하게 만든다. 우리가 놀기보다는 일을 선택하는 것이나 중독성 강한 행위를 포기하는 것은 단순한 쾌락 이상의 무언가를 느끼고 싶기 때문이다."

저자의 주장을 따라가다 보면 그의 연구 결과를 굳이 참조하지 않더라도 지금 우리 자신이 무엇을 위해 어떻게 행동하는가를 생각하게 된다.

그러나 자부심이 항상 긍정적인 의미만을 갖는 것은 아니다. 진정한 자부심은 무언가를 이루어냈다는 성취감과 관련되어 있는 반면, 오만한 자부심은 자기중심적 성향이나 자만과 연관되기 때문이다. 평범한 사람도 지위나 부의 사다리를 올라가다 보면 언젠가는 두 가지를 모두 경험할 가능성이 있다. 진정한 자

15년 동안 심리학자가 연구한 성공의 동인.
"인간은 결국 프라이드를
느끼기 위해 행동한다."
성공 후에 오는 오만의 자부심도 경계해야.
미국 웨스트포인트 생도
1만여 명에 대한 연구 결과,
외적 요인보다 내적 요인을 중요시하는
사람이 더 성공.

부심 때문에 성공에 이른 사람도 이후에 오만한 자부심을 경험할 가능성이 있다.

저자는 대표적인 인물로 초반의 성공과 명성에 취한 나머지 도저히 용납되지 않는 약물로 더 높은 성공을 추구했던 사이클 선수 랜스 암스트롱을 든다. 오만한 자부심에 빠지는 위험을 피하길 소망하는 사람에게 주는 저자의 답은 간단하다. "자신이 가장 중요하게 여기는 것을 성취하기 위해 최선을 다하고 그 의미를 이해하기 위해 끊임없이 되새길 때, 오만의 위험성을 유념해야 한다. 우리가 찾던 자부심은 자신이 이룬 성취와 성공을 되돌아볼 때보다는 목표한 바에 도달하는 '과정'이 가져다주는 것임을 명심해야 한다."

책에 등장하는 흥미로운 사례 가운데 하나는 미국에서 가장 입학하기 힘든 웨스트포인트 입학생 이야기다. 웨스트포인트에서 지친 생도를 위한 휴식 따위는 없다. 그런 까닭에 1학년 여름이 되면 곤죽이 되어 자퇴하는 일도 드물지 않다. 이렇듯 험난한 과정을 이겨낸 생도들 가운데 누가 궁극적인 성공을 성취하는 것일까. 생도 1만329명을 상대로 "왜 이곳을 선택하였는가"라는 질문을 던진 다음, 10년이 지났을 때 그들이 어떻게 살고 있는지 평가하였다. 그랬더니 명성이나 돈과 같은 외적 이유를 선택한 생도들보다 내적 자부심을 바탕으로 어느 분야에서 일하

건 역량을 갖춘 지도자로 성장하고 싶다고 답했던 생도들이 성
공적 인물로 성장했다.

프라이드를 깊숙이 탐구한 이 책은 저자가 펴낸 첫 번째 대
중서답게 풍부한 사례와 연구 결과들이 소개되어 있다. 우리로
하여금 더 나은 미래를 향해 움직이게 만드는 힘과 이를 강화하
는 데 관심을 가진 독자들에게 권할 만한 책이다.

세금에 의지해 살아가는 사람들이 대폭 늘어난다면

다시, 국가를 생각하다

'부유한 시기를 겪은 국가들은 침체기를 피할 수 없다.'

토드 부크홀츠의 《다시, 국가를 생각하다》(21세기북스)는 풍성한 역사적 사례를 바탕으로 이 가설을 입증하면서 국가의 번영을 지속시키기 위해 무엇을 해야 할 것인가를 다룬다. 저자가 자신의 주장을 펼치기 위해 인용한 역사적 사례들이 탄탄하기 때문에 마치 역사서를 읽는 것처럼 재미있다.

저자는 부유한 시기를 경험한 국가들이 겪는 분열의 위험 요소를 분석한다. 번영을 누린 다음에 필연적으로 찾아오는 것이 출산율 저하다. 고대 스파르타와 로마제국, 나폴레옹 이후의 프랑스, 빅토리아 시대의 영국은 출산율 문제로 어려움을 겪었다. 부유한 국가들에 대한 연구를 통해 그가 발견한 경험법칙은 다음과 같다.

"현대(산업화 이후로) 국가의 연평균 GDP 증가율이 25년 단위로 두 번 연속(즉 두 세대에 걸쳐) 2.5% 이상을 기록할 때 출산율은 인구대체율(현재 수준의 인구를 유지하기 위한 출산율로 여성 한 명당 2.5명)을 밑돌게 된다. 그리고 GDP 증가율이 세 번 연속 상승할 때 출산율은 2.1명 이하로 떨어진다. 이때 인구 규모를 안정적으로 유지하고자 한다면, 이민자 유입이 필요하다."

이 책의 1부는 '분열의 원인'으로 출산율 하락, 세계화와 애국심의 패러독스, 달콤한 유혹인 빚, 근로 의지의 퇴락과 정체의 덫, 애국심과 이민 등 5개 장으로 구성된다. 2부에선 마케도니아 왕국의 알렉산드로스, 터키의 아타튀르크, 일본의 메이지 유신, 이스라엘의 골다 메이어 등을 중심으로 대안을 제시하고 있다.

좋은 시절이 지났을 때 자주 등장하는 또 하나의 현실은 정부가 빚을 증가시키는 데 앞장선다는 것이다. 그는 정부가 늘리는 빚에 대해 이런 이야기를 한다. "정부에 돈을 빌릴 권리를 부여한다는 말은 곧 미래 세대를 구속할 권리를 부여한다는 뜻이다." 아직 태어나지 않은 사람들에게 권리를 갖는다는 것은 올바른 일이 아니나.

번영의 대가와 부국의 몰락을
심층 연구한 책.
역사서를 읽는 것과 같은 재미 선사.
경제성장은 반드시 출산율의
하락으로 이어지고,
이는 다시 복지비용의 증가를 가져온다.
지속적인 번영을 위한 해결책은 있는가?

또 하나의 후유증은 근로 의지가 퇴락하면서 세금에 의지해 살아가려는 사람들이 대폭 늘어난다는 점이다. 이를 부추기는 정치인들도 늘어나게 된다. 1930년대 초 오스트리아 빈 남쪽에 위치한 마리엔탈은 섬유공업이 번성했던 곳이다. 섬유공업이 붕괴된 이후, 이 마을에서는 일자리가 사라지면서 삶의 활력은 물론이고 사람들의 정신도 무너졌다. 이런 상황은 국가 부조를 늘린 나라들이 걸어가게 될 길을 보여주고 있다. 마리엔탈 이야기는 경기침체가 사람들의 영혼과 근로 윤리를 어떻게 허물어뜨릴 수 있는지를 보여주는 사례다.

　이 책은 우리가 몸담고 있는 대한민국의 현재와 미래에 대해 깊은 성찰을 하도록 만든다. 날로 국가의 도움을 요구하는 목소리가 높아지고, 이것에 반응하는 것이 정치의 책무라고 여기는 사람들에게 주는 경고의 목소리는 준엄하다. 정부가 더 많은 역할을 수행하는 사회는 결코 역동성을 오랫동안 유지할 수 없고 결국은 쇠락의 길로 들어설 수밖에 없다.

　이 책의 가치는 지금도 어디선가 많이 보고 있는 현실을 이야기하는 것처럼 느껴진다는 데 있다. '부유한 시기를 거친 국가 대다수가 어떤 문제로 고민하는지, 그리고 해결책은 무엇인지' 궁금한 독자들은 시간을 투자해 읽을 만한 멋진 책이다.

자유가 중요한가,
조화가 중요한가

생각의 지도
동양과 서양, 세상을 바라보는 서로 다른 시선

미국과 중국의 격차는 참으로 크고 넓다. 단순히 정책이나 제도의 차이가 아니라 사고하는 방법의 차이 때문이다. 북핵 문제에 대해 중국에 일말의 기대를 한 사람들도 있을 것이다. 하지만 협량한 민족주의의 전개를 보면서 중국의 진면목에 실망한 사람도 적지 않을 것이다. 정치를 하든, 사업을 하든 미국과 중국 사이의 격차를 정확히 이해하는 일은 중요하다.

《생각의 지도》(김영사)는 서구인과 아시아인의 생각과 관점이 어떻게 다른지를 다룬 책이다. 나온 지 제법 시간이 흘렀음에도 불구하고 동서양의 차이를 논한 책으로 여전히 유효하고 흥미롭게 다가온다.

저자는 중국인과 서양인 사이의 격차는 '항상성'을 갖고 있다고 말한다. 특정한 사회적 행위들은 특정한 세계관을 가져오고, 그 세계관은 특정한 사고 과정을 유발해 결국 그 사고 과정은 역으로 원래의 사회적 행위들과 세계관을 다시 강화하게 된다. 저자가 이 책을 통해 시도하는 것은 동양과 서양이 서로의 사고를 이해함으로써 더 성숙한 관계를 맺는 데 도움이 되게끔 하려는 것이다.

모두 8개 장으로 구성된 이 책은 동양의 더불어 사는 삶과 서양의 홀로 사는 삶, 전체를 보는 동양과 부분을 보는 서양, 동양의 상황론과 서양의 본성론, 동사를 통해 보는 동양과 명사를 통해 세상을 보는 서양, 논리를 중시하는 서양과 경험을 중시하는 동양 등의 주제로 구성돼 있다.

"유교적 사고에서 구체적인 행위와 관련되지 않은, 즉 실용적이지 않은 순수한 의미에서의 앎이라는 것은 없었다." 이 문장은 최근의 중국을 이해하는 실마리를 제공한다. 북핵 문제를 다루는 중국의 선택을 보면서 늘 하게 되는 생각은 '그들에게는 왜 옳고 그름을 분별하는 것이 중요하다는 생각이 없을까'라는 것이다. 그것은 《삼국지》나 《손자병법》이 인기를 끄는 것과 다를 바가 없다. 실용성이 성의보다 앞서기 때문일 것이다.

논리를 중시하는 서양과
경험을 중시하는 동양.
미국이 '옳고 그름'을 따지는 반면
중국은 그렇게 할 수밖에 없는 '정황'을 중시.
미국과 중국의 견해 차를 이해하는
지적인 토대를 제공하는 책.

서양 철학에서는 일찍이 옳고 그름에 대한 논의를 중요하게 다뤘다. 역사 속에서 고대 그리스인처럼 '기본 원리를 추구하는 행위'를 중요시한 사람들도 드물 것이다. 고대인과 현대인 사이에 긴 시간이 놓여 있다고는 하나 동서양의 격차는 지금도 유효하다. 그리스인이 개인을 독립적이고 개별적인 존재로 봤다면, 중국인은 인간을 사회적이고 상호의존적인 존재로 받아들인다. 따라서 전자는 자유를 귀히 여기지만, 후자는 조화를 중요하게 여긴다.

서양 문명에서 논리학은 가장 핵심적인 역할을 담당해왔다. 그러나 동양의 지적 전통에선 논리적 사고의 영향력이 미약하다. 따라서 중국인을 비롯한 동양인의 세계에서 논리적 일관성을 무기로 논쟁하는 것은 상대방에게 불쾌감을 불러일으킬 수도 있다. 시시비비를 가리기보다 상황을 중시하는 중국인의 특성을 짐작할 수 있다. '그들로서는 그렇게밖에 할 수 없지 않은가'라는 것이 근래에 중국이 북한에 대해 갖고 있는 생각일 것이다. 옳고 그름보다도 상황을 중시하는 접근이다. 이 책은 중국과 중국인을 더 잘 이해하는 데 큰 도움을 줄 수 있을 뿐 아니라 미국과 중국의 차이를 이해하는 데 필요한 또 하나의 지적 토대도 제공할 것이다.

성인이 되어 다시 공부하기를 원하는 사람들을 위하여

지성만이 무기다
읽기에서 시작하는 어른들의 공부법

필력이 뛰어난 일본 작가 중에 시라토리 하루히코란 인물이 있다. 2015년 국내 출간된 그의 저작《기꺼이 나로 살아갈 것》(추수밭)을 유익하게 읽었다. 강건한 인생을 위한 조언을 담은 책이었다. 그의 최근작을 주목하게 된 이유다.《지성만이 무기다》(비즈니스북스)는 진지하게 뭔가를 읽는 것에 익숙지 않은 시대에 성인이 돼 공부하기를 원하는 사람을 위해 쓴 책이다.

두꺼운 고전을 읽어내는 데 익숙한 사람은 확실히 겉으로 드러나지 않는 내면의 힘을 갖고 있다. 고전을 통해 자신의 관점이 잘 정립된 사람들은 눈에 보이는 것에 휘둘리지 않는 삶을 살

수 있다. 따라서 교양의 폭이 넓은 사람일수록 현실의 제약조건에 크게 구속 받지 않고 폭넓은 자유를 누리는 삶을 살 수 있다. 즐거움이 누군가로부터 받는 것이라고 착각하는 시대에 이 책은 읽기를 통해 만들어내는 즐거움을 강조한다.

△생각하고 이해하고 의심하는 기술, △무엇을 어떻게 읽을 것인가, △공부를 위한 환경, △하고 싶은 일과 재능 그리고 지성, △철학사상과 종교 등 5개 장으로 구성된 책이다. 저자가 읽기의 중요성을 강조하는 이유는 명확하다. 읽어야 자극을 받을 수 있고, 자극이 있어야 생각할 수 있기 때문이다. 생각할 수 있어야 실수를 줄일 수 있고 자신만의 길을 찾아갈 수 있다. 읽기는 생각을 위한 재료다. 젊은 날부터 활발하게 읽어온 사람으로서 읽기가 생각을 위한 마중물과 같다는 저자의 주장에 전적으로 동의한다.

독서는 유한한 삶에서 자신의 체험을 늘릴 수 있는 유용한 방법이다. 저자는 독서에 대해 이런 이야기를 한다. "자신의 내부에 축적된 정보가 적기 때문에 이해하는 데 필요한 개념이나 경험, 지식도 없다. 이를 보완하기 위해서는 학습이나 사회적 경험을 해야 하며, 그래도 부족할 때는 책을 읽어야 한다." 효과적으로 책을 읽는 여섯 가지 방법은 밑줄 긋기, 여백에 기록하기, 필요한 자료 준비하기, 전체 상황을 파악해서 읽기, 질문하기, 다

두꺼운 고전을 읽는 사람은
분명 내면의 힘을 가진 자.
교양의 폭이 넓은 사람일수록
자유의 폭도 넓어.
독서는 유한한 삶에서 경험과
체험을 늘리는 유일한 방법.
읽기는 생각을 위한 마중물과 같다.

시 읽기다. 이 가운데 목차 등을 보고 전체를 파악한 상태에서 읽는 것과 밑줄 긋기 등은 실제로 효과가 있다.

"지식에는 사람을 니힐리즘에 빠뜨릴 가능성이 내재돼 있다"는 저자의 주장은 새겨둘 필요가 있다. 공부를 많이 한 사람 가운데 노년에 허무주의에 빠지는 사람을 만나는 경우가 드물지 않다. 저자의 분석에 따르면 자본주의적 지식은 경제적 유용성에 합당할 경우 가치가 높은 것으로 여겨지기 때문이다. 유용성이 없는 모든 지식은 쓸모없는 것으로 간주한다. 실용적인 목적이 아니더라도 자신에 대해, 삶에 대해, 그리고 사회에 대해 알고 싶은 욕구에 기초한 독서가 필요하다. 읽는 의미를 스스로 부여할 수 있는 사람이라면 지식이 가져올 수 있는 허무로부터 자유로움을 얻을 수 있다. 독서를 통해 우리는 타인과 다른 방식으로 세상을 보는 힘을 얻을 수 있다. 불황 속에서도, 역경 속에서도 큰 힘을 낼 수 있는 것은 다르게 볼 수 있기 때문이다. 시라토리 하루히코는 항상 통념과 다른 힘찬 주장을 펼친다. 보기 드문 저자다.

일본의 재무장, 두 개의 한국, 카슈미르 분쟁

지도로 읽는 아시아

지정학적 이슈로 보는 아시아의 역사와 미래

촘촘히 연결된 세상이다. 세상에 대한 안목과 시야를 넓히는 방법 가운데 하나는 특정 지역이나 국가의 주요 이슈들을 살펴보는 일이다.

《지도로 읽는 아시아》(시공사)는 지도를 토대로 아시아 지역의 주요 이슈들을 다룬 '아시아 안내서'이다. 장 크리스토프 빅토르 등 저자들이 사는 국가나 지역이 아닌데도 '어쩌면 이렇듯 세세하게 지역 문제를 파헤칠 수 있었을까' 하는 놀라움을 주는 세밀한 지역 탐구서이다. 3부로 구성된 소제목을 훑어보는 것만으로도 뉴스 지면을 빈번히 장식하는 친숙한 주제들을 만날 수 있다. 또한 한 번 정도 들여다볼 기회가 있었으면 하는 주제들이 이 책을 가득 채우고 있다.

1부는 아시아의 여러 면모를 다루고 있다. 흔들리는 강국 일본, 자국 경제 모델에 의문을 제기하는 중국, 세계화의 중심부에 있는 싱가포르, 모순들이 불안정한 균형을 이루고 있는 인도가 그 주인공이다. 2부는 아시아의 다양한 긴장과 갈등 문제를 다룬다. 일본의 재무장, 중국과 미국의 아시아태평양 지역 경쟁, 갈등의 핵심에 있는 중국, 두 개의 한국, 카슈미르 분쟁 등이다. 3부는 21세기 실크로드, 21세기의 수도 상하이, 민주주의를 향한 태국의 전진, 베트남의 부흥 등 역동적인 아시아의 발전상을 다룬다.

가장 알고 싶은 주제를 선택해 읽으면 된다. 컴퓨터 그래픽 기술이 발전한 시대라고 하지만 정밀한 지도를 사용해 문제의 핵심을 드러낸 저자들의 열정과 노력에 경의를 표하고 싶다. 2부 맨 앞에 나오는 아시아 지도에는 미군 함대 배치, 중국의 군사기지, 해상 분쟁지역, 해적 활동지역 등이 표시돼 있다. 어떻게 이런 지도를 만들 수 있었을까? 아시아 각국이 겪고 있는 내전이나 분리 운동을 나타내는 지도도 있다.

'일본의 재무장은 중국을 겨냥한 것인가'라는 주제의 글에는 일본의 영유권 분쟁 상황을 나타내는 지도가 소개글과 함께 제공된다. "일본이 자국 영토를 모두 합치면 일본의 면적은 현재의 열두 배로 증가한다. 일본 열도 주변의 6852개 섬이 형성하는 거대한 배타적 경제수역이 일본의 자산이 되고 있다."

미국은 5함대를 인도양에, 7함대를 태평양에 배치하고 있다. 중국은 자국의 해상수송로를 확보한다는 차원에서 미국에 맞서 중국해에서 인도양까지 뻗어 있는 하나의 축을 따라 중국의 전략적 거점들을 배치해왔다. 이 진출 거점들을 연결하면 진주목걸이 모양처럼 보인다고 해서 '진주목걸이 전략'이라고 부른다.

남태평양 지역에서 중국과 인접 아시아 국가들의 갈등 상황 역시 단 한 장의 상세한 지도를 보는 것만으로도 문제를 파악할 수 있다. 석유를 시추 중인 지역은 물론이고, 센카쿠열도와 난사열도 문제의 실상을 이해하는 데도 지도는 큰 도움을 준다. 뿐만 아니라 중국이 히말라야 산맥 지역에서 인도와 벌이고 있는 영토분쟁도 단 한 장의 지도로 설명이 가능하다. 심심찮게 국제뉴스의 초점이 되는 카슈미르 분쟁도 인도, 파키스탄 그리고 중국 사이의 갈등 관계를 한 장의 그림으로 나타내 쉽게 이해할 수 있다.

안목과 시야를 넓히는 일은 삶을 풍요롭게 하기도 하지만 동시에 기회의 포착 가능성을 높여주기도 한다. 더 넓게 생각하

일본의 현재 영토가
12배로 늘어날 수도 있다?
중국이 히말라야 국경에서
인도와 분쟁하는 이유는?
아시아의 다양한 긴장과 갈등의 문제를
한눈에 읽는다.
정밀한 지도를 바탕으로
첨예한 이슈를 명쾌하게 정리.

고, 더 멀리 바라볼 수 있다면, 일상에서도 작고 사소한 일에 대한 관심을 줄일 수 있을 것이다. 이런 태도로 살아간다면 좀 더 훌륭한 삶에 다가설 수 있지 않을까? 세상에서 일어나는 일을 일목요연하게 설명하는 이 책이 우리에게 제공하는 중요한 가치다.

책을 펴내는 입장에서 보자면 지도 구성과 글쓰기를 병행하는 일은 많은 시간과 노력이 필요한 작업이다. 읽는 내내 독자 입장에서 빚을 진 기분이 들 정도로 저자들의 노고가 깊이 담겨 있다. 아시아를 통해 세상을 이해하는 도구로 활용할 수 있는 멋진 책이다.

왜 한국 기자들은
아무도 질문하지 않았을까

첫마디를 행운에 맡기지 마라
대통령의 통역사가 들려주는 품격 있는 소통의 기술

한 분야에서 일가를 이룬 사람의 경험에는 지혜가 녹아 있다. 한국 최초의 국제회의 통역사인 최정화 한국외국어대 교수가 쓴 《첫마디를 행운에 맡기지 마라》(리더스북)는 경험에서 끌어낸 지혜를 담은 책이다. 나라 안팎에서 소통의 달인으로 간주되는 사람들에게 배운 지혜다. 구체적으로 이야기하자면, '격 있게 말하고 듣는 최소한의 룰'에 대한 이야기를 담았다.

요즘은 다들 말을 잘한다. 강연자로서 오랫동안 활동해온 나도 공개적인 장소에서 즉흥 연설을 하는 데 익숙한 사람들을 볼 때면 놀라움을 금할 수 없다. 오랜 경력을 가졌음에도 여전히 말을 하기 전에 메모를 해두는 나로서는 그들을 볼 때면 "정말 대단하다"는 감탄이 절로 나올 수밖에 없다. 큰 모임이든 작은 모임이든 메모를 해서 대중 앞에 선다는 것은 말하기가 그만큼 어렵고 위험한 일이라 생각하기 때문일 것이다.

저자는 소통의 달인들에게 몇 가지 뚜렷한 특징이 있었다고 한다. 말의 폭이 넓고, 자신이 말하고자 하는 바를 정확히 알고, 대화 상대가 누구든 소통하는 순간에 무섭게 집중하며 최선을 다한다는 것이다. 또한 그들은 소통에서 디테일을 중시하며, 자신의 경험을 자기만의 언어에 담아 표현하는 것을 마땅히 해야 할 일로 여긴다. 사회적으로 크게 성공한 소통의 달인들 가운데 유난히 격이 높아 보이는 사람은 소통의 기본을 잘 지키는 사람이다.

원칙은 단순하지만 매우 중요하다. "주거니 받거니 하는 것이 내 말을 빛나게 한다"는 것이다. 이따금 사회적 성취가 높은 사람들이 화제를 독점해버리는 경험을 할 때가 있다. 저자는 "청중이 단 한 번도 시선을 떼지 않고 주목해줄 수 있는 시간은 2분이다. 혼자 시간을 독점하지 마라. 2분은 민주주의다"라는 점을 각별히 강조한다. 내가 평소에 갖고 있던 아쉬움과 정확하게 일치하는 부분이다. 저자는 다시 한 번 이 원칙의 소중함을 이렇게 강조한다. "뛰어난 소통가는 혼자 멋진 문장을 읊는 이가 아니라 소통의 달인은 '주거니 받거니'에 능숙.
대화의 독점이 우려된다면
2분의 원칙을 기억하라.
청중이 당신의 말에 주목할 수 있는
최대 시간은 2분이다.
소통하는 순간 무섭게 집중하고
최선을 다하라.
한국 최초의 국제통역사인
저자의 귀한 경험이 녹아 있어.

'주거니 받거니'를 잘하는 사람이다. 이것만 놓치지 않아도 말의 격을 높일 수 있다."

전문가로서 소통 능력을 강화하기를 원하는 독자들에게 멋진 사례가 소개돼 있다. 2010년 서울에서 G20 정상회의가 열렸을 때, 버락 오바마 당시 미국 대통령은 폐막식 기자회견에서 "환대에 대한 보답으로 질문할 기회를 주겠다"고 했지만 한국인들 가운데 누구도 손을 들지 않았다. 귀한 기회는 중국 기자에게 돌아가고 말았다. 원인을 두고 저자는 "매번 느끼지만 한국인들은 '틀린다는 것'에 대한 공포심이 너무 크다"는 점을 지적한다. 우리의 문화나 입시가 이를 부추겨왔지만, 진정으로 자신을 성장시키고자 하는 사람이라면 저자의 조언에 귀를 기울여야 한다. 인생의 다른 일들과 마찬가지로 소통에서도 실험하지 않으면 성장할 수 없다는 사실을 기억해야 한다. "다양한 상황과 포지션에 자신을 노출시켜야 비로소 지금 이 자리에 어울리는 말은 무엇인지 고민할 수 있다."

따라서 여러분이 어디서 무엇을 하든지 두려워하지 말고 자꾸 시도해봐야 한다. 저자의 경험에서 얻은 사례들을 통해 독자들이 스스로를 점검하고 개선 방법을 생각하도록 돕는 책이다.

PART 4

일과 삶

WORK & LIFE

오믈렛을 '요리'하지 말고
그냥 만들어봐

작은 몰입
눈앞의 성취부터 붙잡는 힘

'변화무쌍한 시대를 멋지게 살아가는 방법.'

이런 표현에 흥미를 갖지 않을 사람이 누가 있겠는가. 로버트 트위거의 《작은 몰입》(더퀘스트)은 '작은 몰입'으로 삶을 채우는 것의 중요성과 구체적인 실천 방법을 다룬 책이다. 저자가 고안한 단어는 '마이크로마스터리'. 마이크로와 마스터리의 합성어인 이 단어는 '작은 단위의 숙달된 기술이나 지식'을 뜻한다.

쉽게 말하자면 마이크로마스터리란 1만 시간을 쏟아부어 실력을 키운 다음에 오믈렛을 '요리하는' 것이 아니라 오믈렛이란 건 그냥 '만들이보는' 깃을 뜻한다. 잭은 작은 몰입에 대한 소개, 작은 몰입을 하기 위해 바로 적용할 수 있는 작은 기술들 그리고 일과 삶의 룰을 바꾸는 방법과 원칙 등을 다룬다. 특히 2부의 '바로 써먹는 일상의 작은 기술들'에는 '통나무 베기'와 '3시간 만에 일본어 읽기' 등 39개의 구체적인 기술이 소개돼 있다.

뭔가 배우기를 소망하면 계획을 세운 다음 차근차근 시작하라는 것이 일반적인 조언이다. 저자는 이 같은 정형화된 조언에 반기를 든다. 그냥 작은 단위로 시작해서 완결해보라고 권한다. 일찍부터 마이크로마스터리를 실천한 인물 중 대표적인 이는 팝아티스트 앤디 워홀이다. 그는 "예술 작품을 창작할 때는 이것저것 생각하지 말고 그냥 하라"면서 "판단은 다른 사람들에게 맡기고 그 시간에 작품이나 더 만들라"고 권한다. 마이크로마스터리의 밑바탕에는 '생산자형 사고방식'이 놓여 있다. 인간은 무언가를 창조하고 실행하며 적극적으로 나설 때 더 큰 행복감을 느낄 수 있는 존재다. 따라서 저자는 한 우물을 파라는 전형적인 주장에도 반기를 든다. 오히려 "얕은 우물을 여러 개 파라"고 권한다. 자신의 분야를 꾸준하게 추구하더라도 그 과정에서 만나는 크고 작은 도전 기회를 상실하지 말라는 뜻으로 들린다.

마이크로마스터리에 대한 그의 신뢰는 이렇게 정리할 수 있다. "빠른 결과를 내야 하는 부담 없이 천천히, 다양하게 시도해볼 수 있는 재미도 마이크로마스터리의 장점이다. 또한 마이

'마이크로 + 마스터리' 개념 고안.
"이것저것 생각하지 말고 그냥 하라."
"차근차근 시작하라"는 등 정형화된
일반적 조언에 반기.
얕은 우물을 여러 개 팔 것을 권유.
모든 조언은 저자의
직접 체험을 통해 나온 것들.

크로마스터리는 어떤 일이든 끝까지 완전하게 해내는 과정과 결과를 담은 완벽한 하나의 능력이다."

저자는 어디서 무엇을 하든지 여섯 가지 체계(입문 묘책, 쓰담쓰담-토닥토닥 장애, 환경의 도움, 보상, 반복 가능성, 실험 가능성)로 구성된 마이크로마스터리의 적용이 가능하다고 주장한다. 2부에 소개하는 바로 써먹을 수 있는 기술마다 여섯 가지 체계로 나눠서 설명하기 때문에 초심자라도 시도할 용기를 낼 수 있다. 목차 보고 그림 그리기, 카누 배우기, 로프 등반하기, 벽돌담 쌓기, 맛좋은 빵 굽기, 벤치 프레스 하기 등 어떤 것이라도 마음에 드는 장을 읽고 실천에 옮겨보라. 저자가 체험을 통해 배운 작은 몰입법을 다룬 책이어서 유용하다.

내일은 그저 가능성의
영역에 속할 뿐이다

이키가이
일본인들의 이기는 삶의 철학

우리 사회에는 사업을 해서 돈을 벌면 도의원, 국회의원 등을 꿈꾸는 사람이 제법 많다. 그만큼 정치의 흡인력이 강하다는 이야기다. 이웃 일본은 그런 일이 아주 드물다. 저마다 하는 일을 깊이 파고드는 사람이 많다.

2014년 봄, 버락 오바마 미국 대통령이 일본을 공식 방문했을 때 작은 초밥집에서 식사한 적이 있다. 그날 오바마는 식사를 마친 후 흡족한 표정으로 식당을 나섰다. 오바마가 "지금껏 맛본 그 어떤 초밥보다도 맛있었다"고 극찬한 식당은 초밥 명인 오노 지로(당시 94세)가 운영하는 '스키바야시 지로'였다.

켄 모기(모기 겐이치로)의 《이키가이》(밝은세상)는 일본인들에게 친숙한 삶과 일의 철학이자 방편인 '이키가이'를 다룬 책이다. 부제인 '일본인들의 이기는 삶의 철학'이 이 책의 성격을 잘 말해준다.

'이키가이(生き甲斐)'는 일본어로 '삶의 보람'을 뜻한다. 사실 우리가 인생에서 큰 성공을 거두지 못하더라도 이키가이를 경험하는 일은 누구에게나 가능하다. 자신이 무엇을 하든 바로 그곳에 인생의 의미와 가치가 있다고 생각한다면 이키가이가 가능하다. 이키가이는 부와 지위처럼 특정인에게만 허용되는 것이 아니다. 모든 사람에게 허용된 민주적이고 공평한 개념이다. 결국 삶의 철학이자 태도의 문제임을 알 수 있다.

이키가이는 무엇인가. 이키가이는 당신이 아침에 눈을 뜨는 이유이며, 작은 일을 챙기는 힘이며, 감각적 아름다움이며, 몰입이며, 지속 가능성이며, 삶의 이유다. 또한 이키가이는 강건함과 회복력이며, 행복이며, 있는 그대로 자신을 받아들이는 것이다.

목차의 짧고 단호한 문장들을 보는 것만으로도 이키가이가 무엇인지를 짐작할 수 있도록 해준다. 이키가이의 기초는 다섯 가지로 요약할 수 있다. 작은 일에서부터 시작하기, 자아를 내려놓기, 화합과 지속 가능성 찾기, 작은 일들에서 기쁨을 발견하기, 현재에 충실하기이다.

이키가이는 당신이
아침에 눈을 뜨는 이유이며,
작은 일을 챙기는 힘이며,
감각적 아름다움, 몰입이며,
지속 가능성이며, 삶의 이유다.
제대로 인생을 살아가는 방법에 대한 책.
중요한 점은 이 모든 것에 돈이 들지
않는다는 것.

자신의 삶을 충실히 살아온 사람이라면, 다섯 가지 가운데 몇 가지는 이미 몸에 배 있을 것이다. 어떤 일에서든 의미와 중요성 그리고 기쁨을 찾아내는 것은 상당 부분 자기 자신에게 달려 있다. 단조롭고 시간이 많이 소요되는 일이라 할지라도 어떤 사람은 지겨움으로, 또 다른 사람은 즐거움으로 받아들인다. 어쩌면 스트레스를 느끼는가 아닌가도 이키가이를 누릴 수 있는가 아닌가에 달려 있다고 할 수 있다.

일과 삶에 대한 태도를 결정하는 이키가이가 성과에만 영향을 미치는 것은 아니다. 이키가이는 삶의 모든 순간에 의미를 부여함과 아울러 끝까지 밀어붙일 수 있는 열정과 끈기를 제공한다. 어떤 일에서든 큰 것을 꿈꾸기에 앞서 작은 일부터 시작하는 것을 생활화하라. 무슨 일이든 미루지 말고 작은 것부터 시작해보라. 일상의 일이라 하더라도 선입견을 갖지 말고 일을 추진하는 과정에서 이런저런 즐거움을 확인하고 누려보라. 각별한 의미가 있는 기쁨을 발견하고 마음 깊이 간직하는 것은 개개인의 몫임을 기억하라.

일본인들에게 '현재에 충실하기'는 덧없음에 대한 믿음에 바탕을 두고 있다고 한다. 흐드러지게 피는 벚꽃 축제는 이를 잘 드러내는 사례다. 내일 우리가 무엇이 될 것인가도 중요하긴 하지만, 사실 내일은 그저 가능성의 영역에 속할 뿐이다. 삶에서 지금 이 순간의 경험을 귀중하게 생각하면 삶을 바라보는 시각이 크게 바뀐다. 제대로 인생을 살아내는 방법을 담은 멋진 책이다. 흥미로운 것은 이 모든 것에 돈이 들지 않는다는 점이다. 인생에서 진짜 중요한 것을 다룬 책이다.

신발 정리하는 일에서도
최고가 되겠다는 결심

결국 성공하는 사람들의 사소한 차이
왜 똑같이 시작해도 5년 후 결과가 다른 걸까?

짧은 문장 하나가 사람을 살릴 수 있다. 그런 만큼 절제된 문장에 담긴 메시지에는 힘이 있다.

이와타 마쓰오의 《결국 성공하는 사람들의 사소한 차이》(비즈니스북스)는 결국 해내는 사람과 그만두거나 시도조차 하지 않는 사람을 구분 짓는 49가지 사소한 차이를 설명한다. 그 차이를 압축해 담아낼 수 있는 명언이 가득 들어 있는 책이다. 닛산자동차, 코카콜라, 스타벅스를 비롯한 일곱 회사를 거친 이후 자기 사업을 하고 있는 저자의 경험담이 고스란히 담겨 있다. 실용서는 한 줄만 건져도 남는다고 하지만, 이 책은 줄을 긋지 않고는 넘어갈 수 없는 페이지가 많은 책이다.

목차를 훑어보는 것만으로도 도움을 받을 수 있다. △작은 일에서 기대 이상의 성과를 올려라, △일이 즐거워지도록 디자인하는 방법을 갖고 있어야 한다, △꿈이 없는 자에겐 미래도 없다, △재능에서 지더라도 노력만큼은 이기는 사람이 돼야 한다, △입을 다물고 귀를 활짝 여는 사람이 되자, △고독은 사람을 단련시킨다, △자신에 대한 경제적 투자에 관대해야 한다, △일 잘하는 사람은 절대로 밤을 새우지 않는다, △사소한 습관 하나로 인생을 바꾼다, △언제나 주위에 감사할 줄 아는 사람이어야 한다, △늘 어떻게 살아야 할지를 고민하고 살아야 한다, △자신의 자리에서 도망치지 않아야 한다.

목차를 읽다가 자신에게 부족한 부분이 있다면 그것을 중심으로 책 읽기를 할 수 있다. 술술 넘어가는 책이기 때문에 처음부터 읽는 것도 나쁘지 않다. 이 책의 가치는 49가지 사소한 차이를 이야기하면서 시의적절한 명언으로 자신의 주장을 뒷받침하는 것에서 찾을 수 있다. 독자들에게 흥미와 유익함을 동시에 제공할 수 있는 방법이다.

책을 넘기자마자 "아무리 작더라도 무의미한 일은 없다"라는 저자의 주장이 등장한다. 자신의 생각을 간략하게 이야기한 다음에 끝에는 누구든지 고개를 끄덕거릴 수 있는 멋진 명언을 등장시킨다. 일본 한큐 도호그룹의 창업자 고바야시 이치조의 말이다. "당신에게 신발을 정리하고 지키는 일이 주어졌다면, 그 일로 나라 전체에서 최고가 되어보라. 그러면 당신을 그 자리에 계속 두지는 않을 것이다." 어떤 일을 하는 사람이건 문장이 주는 메시지를 통해 스스로를 되돌아보게 한다.

"성공하는 사람은 어떤 일을 해도 결국 성공한다"라는 주장을 뒷받침하기 위해 그는 또 어떤 명언을 빌려오는가. 사실 그의 주장에 동의하지 않을 사람이 어디에 있겠는가. 큰 일이든 작은 일이든 누구에게 맡겨보면 늘 잘 해내는 사람이 있는 반면 대충하는 사람이 있다. 이런 경험을 자주 하다 보면 '사람이 어떻게 평등할 수 있을까'라는 생각을 하게 된다. 저자가 빌려온 명언은 일본 천태종을 창시한 사이초라는 인물의 말이다. "돈이나 재물은 나라의 보물이 아니다. 자신이 있는 그 자리에서 열심히 노력해 밝게 빛나는 사람이야말로 없어서는 안 되는 나라의 귀한 보물이다." 결국 "프로는 결과로 자신을 증명한다"는 것인데, 이 주장에 대해 누구도 이견을 제시하지 않을 것이다.

오너이자 최고 요리사인 도쿠오카 구니오의 고정관념을 깨는 말도 흥미롭다. 텔레비전 진행자가 도쿠오카에게 "프로페셔널이란 어떤 사람입니까?"라고 묻는다. 여러분 같으면 이 질문에 대해 어떻게 답하겠는가? 도쿠오카의 대답은 핵심을 찌른다.

"성공하는 사람은
그 어떤 일을 해도 결국 성공한다."
결국 해내는 사람들의
49가지 사소한 차이는 무엇인가?
페이지마다 줄을 긋지 않을 수 없는 책.
시의적절한 명언으로
흥미와 유익함을 동시에 제공.

"결과를 만들어내는 사람 혹은 결과를 만들어낼 때까지 기다리는 사람입니다." 사족을 붙이면 결과를 만들어내기 위해 이리저리 노력하는 사람이 더 적합할 수 있다.

노트는 아이디어의 원천이자
상상력 집합소다

인생이 두근거리는 노트의 마법
전 세계 노트왕에게 배우는 기록의 정석 20

"어떻게 이런 책을 기획할 수 있을까?"

이 같은 감탄을 자아내는 책은 바로 컴투게더 노트연구회의《노트의 마법》(라이팅하우스)이다. 대만에서 출판되어 5년 연속 취미·실용 분야 1위를 지키고 있는 책이다.

우선 기획자들은 전 세계에서 노트 작성에 일가견이 있는 20명을 찾아내 그들의 노트 기록 비법을 공개한다. 특징 가운데 하나는 시각 자료를 대폭 공개함으로써 독자들이 쉽게 핵심을 찾아낼 수 있도록 만든 책이라는 점이다. 더욱이 짧은 설명도 핵심 중의 핵심을 골라서 실었기 때문에 독자들에게 큰 도움을 줄 수 있다. 무엇보다 이 책에선 어떤 노트가 있는지, 그리고 어떤 펜들이 있는지 등 관련 정보를 얻을 수 있다.

"꾸준히 노트를 쓰기만 했는데 삶을 대하는 태도가 이토록 긍정적으로 바뀌고 만족감이 높아졌습니다." 서문에 실린 문장이다. 무엇인가를 정성껏 기록한다는 것이 주는 효과는 대단하다. 이 책은 국적, 분야, 나이, 성별 등 다양한 사람들이 저마다 노트를 쓰면서 무엇을 느끼고 어떤 효과를 보았는지를 낱낱이 공개하고 있다.

"노트에 기록하는 행위가 우리 자신을 일깨워 목표와 꿈에 매진하게 하는 효과가 있습니다." 흘려들어선 안 되는 말이다. 기록한다는 것은 새기는 것과 똑같은 효과를 낳는다. "노트에 목표와 해야 할 일, 또는 가고 싶은 곳이나 사고 싶은 것을 적는 순간 우리 마음속에도 똑같은 내용이 새겨지는 것입니다. 그 효과를 직접 경험해본 사람이라면 남들이 깜짝 놀랄 정도로 꾸준히, 정성껏 노트를 써나가게 됩니다."

부제 '전 세계 노트왕에게 배우는 기록의 정석 20'은 이 책의 핵심을 정확하게 집어낸 표현이다. 스웨덴의 일러스트레이터 마티아스 아돌프슨은 "나에게 노트는 상상력 집합소와 같습니다. 아이디어의 원천이죠"라고 말한다. 기록한다는 것이 곧바로 생각하는 것임을 말해준다. 전직 항공기술자로 살다가 이제는

풍부한 시각 자료로 독자들에게
핵심을 바로 전달.
노트 쓰기만으로도 삶이 달라지는 것을
경험한 사람들의 이야기.
무언가를 정성껏
기록한다는 것이 주는 놀라운 효과.
노트에 기록하는 것은 일종의 정신적 의식.
삶의 변화를 꿈꾸는 사람들에게
권하고 싶은 책.

전업 노트 제작자로 활동하는 호세 나란자는 "노트에 기록하는 것은 일종의 정신적 의식이어서 머릿속에 떠오른 생각을 종이에 실현할 수 있는 건 노트밖에 없다"고 말한다.

저마다의 방식으로 아기자기하게 만든 노트를 세상 사람들에게 드러내놓기가 쉽지 않을 텐데 기획자들이 이처럼 대단한 일을 성사시킨 점에 놀라움을 금할 수 없다. 사람들은 저마다 다양한 노트를 사용하고 있지만, 이 가운데서 가장 널리 사용하는 노트는 트래블러스 노트이다. 보조 도구로 마스킹 테이프를 사용하는 사람들도 많다.

외환 딜러로 활동하는 필리핀의 피코는 섬세한 메모광이다. 그는 많은 스트레스를 받는 직종에 종사하는데 그에게 노트 쓰기는 스트레스를 푸는 좋은 방법이다. 무려 15년 정도 노트를 사용해왔고 가장 좋아하는 장소는 세상 밖에 나와 사람들을 관찰할 수 있는 커피숍이다. 그는 여러 종류의 노트 가운데서도 가성비가 가장 뛰어난 것으로 트래블러스 노트를 꼽는 데 주저하지 않는다.

웨딩 포토그래퍼로 활동하는 말레이시아의 리는 노트 쓰기를 시작한 이후에 다시는 삶을 소홀히 여기지 않게 되었다고 말한다. 노트를 쓰면서 늘 새롭게 일상을 재단장할 수 있기 때문이다. "쓰면 이루어진다"고 믿는 타이완 작곡가 우즈닝의 노트는 철저하게 보통 생활인을 위한 노트 비법을 공개한다. 이른바 생활에서 승리하기 위해 체계적이고 조직적으로 목표를 관리하는 방법을 노트에서 펼치고 있다.

생활의 변화를 원하는 이들에게, 에너지와 아이디어를 함께 얻어보라고 권하고 싶은 책이다.

평범하지만 잊기 쉬운
원칙과 지혜들

약자들의 전쟁법
이기는 약자들은 어떻게 싸우는가

약자의 생존법과 성공법을 다룬 책이다. '약자'라는 표현을 언짢게 생각하는 사람들도 있을 것이다. 저자 박정훈이 《약자들의 전쟁법》(어크로스)에서 말하는 약자는 '약점을 지닌 사람' 혹은 '역경과 고난에 처한 사람'을 뜻한다. 세상에 스스로 약한 면을 갖고 있지 않다고 생각하는 사람이 몇이나 될까.

이 책은 누구나 고개를 끄덕거릴 만한 평범한 지혜를 담고 있지만, 우리가 자주 잊어버리기 쉬운 원칙들을 제시한다. 약자가 승리하는 방법은 많은 사람들이 가는 길과 다른 길을 선택하는 것이다. 이를 두고 저자는 "새로운 게임의 규칙을 찾아내는 것"이라고 표현한다. 평범한 주장일 수 있지만 깊이 새겨들을 만한 조언이다. 남과 같은 길로 달려서 이길 수 있는 방법이 세상에 있을까. 학교를 졸업하고 사회에 첫발을 내딛게 되면 자신이 중요하게 여기는 능력을 지닌 고수를 숱하게 만나게 된다. 이들과 맞붙는 곳에 뛰어들어서는 백전백패다. 자신이 추구해야 하는 길을 찾아내야 한다.

저자는 이를 두고 '약자의 3법칙', 즉 다른 방식, 다른 모델, 다른 목표를 제시한다. 강속구 투수가 즐비한 야구판에서 똑같이 강속구로 승부를 걸어서는 실패할 것이 불을 보듯 뻔한 일이다. 프로야구 선수 유희관은 공을 빠르게 던지는 방식을 포기하고 제구력으로 승부를 거는 쪽을 선택해 성공했다. 자기 방식을 찾은 대표적인 사례이다. 1000원 숍으로 유명한 다이소는 새로운 게임의 규칙을 만들어서 성공한 경우에 해당한다. 대다수의 기업은 원가에 맞춰 제품 가격을 정한다. 그런데 다이소는 1000원 혹은 2000원으로 판매가를 정한 다음 그것에 모든 프로세스를 맞추어 성공했다. 다른 비즈니스 모델을 찾아내 성공한 사례이다.

모두가 공부 잘하는 모범생을 추구하는 세상에서 카카오 창업자인 김범수는 대학 시절 당구, 바둑, 고스톱, 포커 같은 잡기에 푹 빠져 살았다고 한다. 놀아본 경험이 한게임 창업으로 이

어졌다. 결국 "좋아하는 것을 하고 살자"라는 삶의 목표가 그를 성공시킨 셈이다.

이 책은 약자가 승리할 수 있는 8가지 전략으로 구성됐다. 도발, 변칙, 교란, 우회, 격돌, 기습, 매복, 승부이다. '때문에'를 입에 달고 살면 반드시 패배한다. 승리를 가져올 수 있는 한 단어는 '덕분에'이다. "나는 하느님으로부터 세 가지 은혜를 받았습니다. 가난한 것, 못 배운 것, 몸이 약한 것이 그것입니다." 마쓰시타 고노스케의 말에 약자 승리법의 첫걸음이 담겨 있다. 역경에 주눅 들고 좌절해버리면 그것으로 끝나고 만다. '고개를 들 수 있는가'는 '곧바로 도발할 수 있는가'이다. 역경을 바라보는 관점을 바꾸면 자연스럽게 '도발'이 일상의 한 부분으로 자리 잡게 된다.

조수미는 말한다. "음악뿐 아니라 모든 예술이 고통과 외로움 없이는 (더 높은 차원으로) 승화되기 어렵습니다. 역경을 겪지 않은 예술은 감동을 주기 힘듭니다." 비용이 드는 일이 아니지만 모두가 실천할 수는 없다. 그래서 인생에는 우열이 가려질 수밖에 없다.

치열함도 자꾸 겪다 보면 제2의 천성이 된다. "다르게 생각하라"는 스티브 잡스의 주장처럼 무엇이든 남이 하는 것만큼 해선 잘되기가 쉽지 않다. 남과 다르게 치열하게 하다 보면 하나

가난하고 못 배우고 몸이 약한 것.
마쓰시타 고노스케는
이 세 가지를 신이 주신 은혜라고 했다.
약자의 선택은 '남과 다른 길로 가는 것'이다.
천원숍 다이소와 카카오 김범수의 공통점은?
불리함 속에서도 나만의 프로세스를
찾아내는 것이다.

둘 길이 열리는 것이 삶이다. 이 책에는 저자가 인터뷰를 위해 만난 사람들의 생생한 모습이 등장한다. 다른 책에서 찾아보기 힘든 차별화 포인트 가운데 하나다.

하루의 시작은
리스트 작성으로

100번의 계획보다 강력한
하루 한 장 리스트의 힘

"매일 아침 출근해서 우선순위에 맞게 리스트를 작성하라. 그것이 삶을 변화시키는 첫 번째 방법이다." 피터 드러커의 말이다. 더 좋은 방법은 잠자리에 들기 전에 리스트를 작성하는 일이다. 리스트의 위력을 구구절절 설명할 필요는 없다. 그런데 이것을 잘 정리해 타인을 설득하는 일은 쉽지 않다.

가오위안의 《하루 한 장 리스트의 힘》(비즈니스북스)은 리스트를 작성하는 방법과 그 효과를 제대로 조직화한 책이다. 리스트에는 여러 종류가 있다. 창의 리스트, 시간 리스트, 업무 리스트 등이다. 그런데 리스트 작성이 생활화되면 사고방식이 달라진다. 따라서 리스트를 작성하는 것은 단순한 기록이 아니라 자신의 사고방식을 훈련하는 한 가지 방법이다. 이를 두고 저자는 '리스트식 사고'라고 표현한다. 리스트 작성의 가치에 대한 저자의 결론은 단순명료하다. "성공하고 싶거나 좀 더 홀가분하게 살고 싶다면 리스트식 사고를 확립해 생각의 속도와 행동의 효율을 높여야만 한다."

책은 10개 장으로 구성되어 있다. 왜 리스트를 작성해야 하는 것일까. 사람마다 다양한 이유가 있을 것이다. 우선 리스트를 작성하면 업무를 조직화하는 방법이 늘기 때문에 실수를 크게 줄일 수 있다. 생각과 일 그리고 일상을 단순하게 정리해주기 때문이다. 리스트가 발휘하는 효과는 막강하다. 저자의 설명은 이렇다. "리스트는 우리가 목표를 명확히 인식하도록 해주고, 일과 삶에 우선순위를 부여해 방향을 잃지 않도록 통제해주고, 시간 낭비와 실수를 막아주며 성공으로 나아갈 수 있게 해준다." 한마디로 자신을 가장 효율적으로 활용하도록 돕는 최고의 습관이자 도구이다.

흥미로운 것은 리스트 작성이 반복되면 자연스럽게 리스트식 사고가 생겨난다는 점이다. 리스트식 사고는 마치 근육을 단련하는 것처럼 얼마든지 훈련을 통해 만들어낼 수 있다. 일단 리스트식 사고가 강화되면 어떤 일을 하더라도 휘둘리지 않는다.

삶을 변화시키는 '리스트식 사고.'
저자 스스로 체험을 통해 습득한 노하우.
리스트 작성은 단순한 기록이 아니라
자신의 사고방식을 훈련하는
탁월한 방법이다.
세일즈 성과를 올리는 데도 도움 줘.

첫째, 둘째, 셋째…… 방식으로 해야 할 일을 적어보는 것만으로 일에 대한 통제감을 확보할 수 있다. 또 통제감 상실에 따르는 불안이나 초조감을 크게 낮출 수 있다.

특히 이 책이 가진 강점 가운데 하나는 작가가 집필만을 전문적으로 하는 사람이 아니라는 것이다. 미국에서의 세일즈 경험을 거쳐 스스로 창업해 왕성하게 활동하면서 리스트식 사고의 중요성을 체험과 이론으로 체계화한 점이 설득력 있다. 저자는 "세일즈맨을 훈련해 성과를 올리는 과정에서 리스트를 기록하고 체크하는 습관만큼 성과 창출에 도움이 된 것은 없었다"고 강조한다.

이 책은 또 하나의 메시지를 던진다. "중국 작가들은 실용서 분야에서도 상당한 성과를 낼 가능성이 높다." 책은 한 나라의 경제적인 성과와 맞물리는 경향이 있다. 이런 면에서 중국 작가들의 약진을 확인할 수 있는 책이다.

아무튼 삶을 체계화해 더 높은 성과를 거두길 소망하는 사람들에게 권하고 싶은 책이다. 실용서가 가진 강점은 타인의 실천에서 배우는 것이다. 이런 관점에서 보면 이 책은 매우 우수한 실용서라고 해도 손색이 없다. 더욱이 스스로를 평범하다고 생각하는 독자라도 얼마든지 당장 적용 가능한 방법을 배울 수 있기 때문에 그 가치가 더욱 크다.

2만여 권의 경제경영서를
읽고 낸 결론

그들은 책 어디에 밑줄을 긋는가
고수들의 미니멀 독서법

"하나의 밑줄이 때로는 인생을 완전히 바꿀 수 있다."

이처럼 솔깃한 문장으로 시작되는 책은 독자의 마음을 붙잡을 가능성이 높다. 도이 에이지가 쓴 《그들은 책 어디에 밑줄을 긋는가》(비즈니스북스)는 밑줄 긋는 방법, 즉 책을 읽는 방법과 선택하는 방법을 다룬 책이다. 책 읽기에 대해 대단히 세밀한 부분까지 다뤘다.

"그 책, 형편없었다"고 툴툴댄 적이 있다면, 핵심을 찌르는 저자의 조언이 도움을 줄 것이다. 그가 2만여 권의 경제경영서를 읽고 난 다음 내린 결론이다. "책 한 권에 100개의 밑줄을 긋는 것보다 100권의 책에서 하나의 밑줄을 발견하는 것이 현실적이며 얻는 것도 많다는 사실을 깨달았다." 전체도 중요하지만 부분에 집중할 수 있다면 훨씬 효과적인 독서에 성공할 수 있다는 저자의 신념이 나온 배경이다.

이 책은 △독서에 대한 오해와 진실, △천천히 읽기, △전체 대신 부분 보기, △결과보다 원인 보기, △다름에 주목하기, △배경 읽기 등 모두 7장으로 구성돼 있다.

책을 읽다 보면 여기저기서 촌철살인이라 할 만한 독서의 지혜를 접할 수 있다. "중요한 건 재미가 아니라 가치다." 재미에 유난히 무게중심이 실리는 시대에 독서가들이 새겨야 할 귀한 조언이다. 자신의 세계를 넓히는 가장 좋은 방법은 누군가를 만나서 직접 이야기를 듣는 것이지만, 이게 쉽지 않기 때문에 책을 읽어야 한다. 따라서 책 읽기를 마친 다음에 재미가 있었다는 감상 대신 책에서 무엇을 느꼈는지, 자신의 세계를 넓히는 데 어떤 도움을 받았는지에 대한 이야기를 할 수 있어야 한다.

"책은 처음부터 끝까지 다 읽어야 한다는 생각을 버려야 한다." 특히 경제경영서는 단 한 부분이라도 도움이 된다면 나머지가 쓸모없는 내용이라도 문제가 없다. "1승을 했다면 나머지는 전부 져도 괜찮다"거나 "경제경영서 읽기는 다이아몬드 캐는 작업"이라는 실용적인 지혜다.

"전체를 보지 말고 부분을 보라."
재미보다는 가치를 찾는 것이 진짜 독서.
책을 살지 말지를 결정하는 11가지 방법 소개.
처음부터 끝까지 다 읽어야 한다는
생각도 버려야.
저자가 2만여 권의 실용서를 읽고
내린 결론을 담은 책.

서점에 서서 잠깐 읽은 책을 살 것인가 말 것인가를 결정하는 11가지 방법도 주목할 만하다. '창업가나 기업 전성기를 이끈 경영자의 책을 고른다', '프로필이 진짜인지 가짜인지를 가린다', '최고 중에서도 좀 특이한 사람의 책을 고른다', '컨설턴트에게선 왕도의 전략을 배운다', '글 앞머리에 밑줄을 그을 만한 문장이 있는 책을 산다', '책 제목에 속지 않는다' 등으로 이어지는 방법은 저자의 오랜 경험으로부터 나온 지혜다.

저자만의 노하우는 "전체를 보지 말고 부분을 보자"는 한 문장에 고스란히 담겨 있다. 줄 긋기의 핵심은 부분에서부터 나온다. 그러나 실용서 읽기는 목차를 항상 염두에 두면서 부분에 집중하는 것이 좋다는 게 내 생각이다. 실용서 읽기의 유용성을 다시 한 번 확인할 수 있는 책이기도 하고, 효과적인 방법을 배울 수 있는 책이기도 하다.

여행과 철학은 마치
씨줄, 날줄과 같은 것

여행, 길 위의 철학

플라톤에서 니체까지, 사유의 길을 걷다.

"평생 권력을 누리고 산 사람도 오직 삶의 여정을 모두 마친 다음에야 행복을 판단할 수 있다."

그리스의 현자로 알려진 기원전 6세기 무렵 솔론의 말이다. 그는 아테네에 법률을 선포한 직후에 여행을 시작한다. 소아시아의 끝자락에 있는 부국 리디아에 들렀을 때 크로이소스 왕은 아테네의 현인에게 자신의 엄청난 보물을 보여준다. "여행을 하면서 가장 행복한 사람을 만난 적이 있는가"라고 물으며 "바로 당신이요"라는 답을 기대한다. 하지만 솔론은 "모든 일은 결말을 고려해야 하며, 무슨 일이든 어떻게 끝날지 숙고해야 합니다"

고 답한다.

마리아 베테티니 외 11인이 함께 쓴《여행, 길 위의 철학》(책세상)은 근래에 우리의 모습을 떠올리게 하는 예화로 시작된다. 집필진들이 모두 이탈리아에 적을 두고 있는 지식인들이다. 플라톤, 아우구스티누스, 아퀴나스, 니체 등 걸출한 철학자들의 여행 관련 이야기들을 다룬 책이다. 철학자들은 때로 탄압을 피해, 때로 새 제자를 찾기 위해, 때로 정치인들을 새로운 체제로 이끌기 위해 여행을 떠났다. 여행과 철학을 주제로 날줄과 씨줄을 엮여 옷감을 짜듯 만든 이 책은 바쁜 걸음을 멈추고 잠시 생각할 여유를 준다.

플라톤은 자신의 정치적 이상을 펼치기 위해 시칠리아의 시라쿠사를 세 번이나 찾았던 것으로 널리 알려져 있다. 아리스토텔레스는 철학에 대한 자신의 신념을 표현하기 위해 칼키스로 도피해 죽을 때까지 머물기도 했다.

아우구스티누스는 40년 동안 여러 도시를 다니며 대중의 비판에 대항하고, 종교회의를 이끌고, 논쟁을 해결하기 위해 자신을 필요로 하는 곳을 찾았다. 저자들은 "그의 모든 활동은 기회에 응답한 활동들로 정의할 수 있다"고 말한다.

서양과 동양을 모두 경험한 마테오 리치의 눈에 비친 중국은 현대인들이 보는 중국과 크게 다르지 않다. "중국은 무지하지

루소는 이렇게 말했다.
"나는 걷지 않고 사색할 수 없다."
그리스의 현자, 솔론은
"모든 일은 결말을 고려해야 한다"고 말했다.
시공간을 뛰어넘는 여행을 소망하는
사람들에게 권하는 책.

만 자부심이 지나치게 강한 나라였다"는 그의 말은 현대인에게 "중국은 지나치게 자기중심적인 나라"라는 말로 대체될 수 있을 것이다.

활발하게 여행하면서 정치와 종교 그리고 과학이란 세 분야에 걸쳐 적극적인 소통을 펼친 라이프니츠는 자기 세계에 갇힌 지식인들을 준엄하게 꾸짖는다. "굳건하게 자리 잡은 '학파'라는 울타리 안에 갇혀 있는 학자들의 성향인 '당파 정신'을 강하게 비판한다."

영원한 여행자로 불리는 루소는 "나는 걷지 않고는 사색할 수 없다"고 말하면서 '걷기'에 대한 깊은 신뢰를 표했다. 우리에게 생소한 프랑스 철학자 멘 드 비랑은 내면 일기를 최초로 쓴 사람으로 "이동하지 않는 여행을 떠나기 위해서는 방이 하나 필요하다"고 말한다.

머리를 식히고 싶을 때면 이따금 현업과 관계없는 책과 함께 여행을 떠날 수 있다. 꼭 물리적 여행이 아니더라도 시공간을 뛰어넘는 여행을 떠나기를 소망하는 사람들에게 이 책은 다양한 여행길을 안내할 것이다. 서문의 제목인 '철학자의 여행법'이 이 책의 성격을 정확하게 포현하고 있다.

실패했을 때 그대로
주저앉지 않고 다시 일어서는 힘

나는 둔감하게 살기로 했다
초조해하지 않고 나답게 사는 법

"노년의 지혜가 물씬 풍기는 책이다."

와타나베 준이치가 쓴 《나는 둔감하게 살기로 했다》(다산초당)에 대한 평가다. 삶의 지혜인 '둔감력(鈍感力)'을 다룬 책이다.

저자 와타나베는 1933년생으로 정형외과 의사 출신이면서 작가, 강사로도 활동하고 있다. 1997년에 펴낸 《실락원》이란 작품으로 일본 최고의 대중문학상인 나오키 상을 받을 정도로 필력을 자랑한다.

이 책에서 저자가 말하는 둔감력은 "긴긴 인생을 살면서 괴롭고 힘든 일이 생겼을 때, 일이나 관계에 실패해서 상심했을 때,

그대로 주저앉지 않고 다시 일어서서 힘차게 나아가는 강한 힘"을 말한다. 17개 주제로 구성된 목차에는 지혜롭게 살아가는 방법이 담겨 있다. 바로 저자가 이 책을 통해 전달하려는 메시지다. △둔감한 마음은 신이 주신 최고의 재능이다, △스트레스조차 가볍게 무시해버리는 둔감함의 힘, △마음은 둔감하게 혈액순환은 시원하게, △조금 둔감하게 살아도 괜찮다, △어디서든 잘 자는 사람은 이길 수 없다, △둔감한 몸에는 질병조차 찾아오지 않는다, △이성의 마음을 사로잡는 둔감한 매력, △결혼 생활에는 정답이 없다, △암에 대처하는 둔감한 사람들의 현명한 자세, △남자보다 여자가 더 강하고 둔감하다, △세상의 모든 엄마는 여자다, △타인은 끝까지 타인일 뿐이다, △승진을 하려면 예민한 마음부터 바꿔라, △직장 내 신경 끄기의 기술, △주변 환경은 언제나 변한다, △어머니의 사랑 그 위대한 둔감력에 대하여.

저자는 자신의 삶을 통해 직접 경험한 사례에서 재능을 겸비한 사람이 잊힌 원인을 설명한다. "문학에서는 무엇보다도 개인의 실력과 재능이 우선입니다. 문학을 하고자 하는 사람에게 필요한 건 운이나 타이밍이 아니라 '좋은 의미의 둔감함'이죠. 숨겨진 재능을 갈고 닦아 성장하려면 끈기 있고 우직한 둔감력이 필수입니다." 어디 문학 분야만 그렇겠는가. 타인의 시선이나 평가에 연연하지 않고 우직하게 밀어붙인 사람이 결국은 빛을 둔감한 마음은 신이 주신 최고의 재능.
조금 둔감하게 살아도 괜찮아.
어디서든 잘 자는 사람은 이길 수 없다.
둔감한 몸에는 질병조차 찾아오지 않는다.

볼 가능성이 크다. 이런 점에서 둔감력은 성공에 필수적인 요인이다.

저자는 의사로서 겪은 경험과 지식을 토대로 둔감력이 건강 유지에도 매우 좋은 영향을 준다고 강조한다. 건강 유지의 핵심 포인트는 피가 온몸 구석구석을 끊임없이 흐르도록 하는 것인데, 이를 방해하는 중요한 요인이 바로 지나친 민감함이다. 기분 나쁜 말을 들어도 한 귀로 듣고 한 귀로 흘려보내야 혈관을 조절하는 자율신경에 불필요한 자극을 주는 일을 막을 수 있다.

푹 자고 상쾌하게 일어나는 수면력은 한 인간이 가진 핵심적 능력 가운데 하나인데, 이를 가능하게 하는 것도 둔감력이다. 저자는 "잘 자는 것 역시 뛰어난 재능"이라고 주장한다. 잠을 이루지 못하는 여러 이유가 있지만 이 가운데 으뜸으로 꼽을 수 있는 것은 너무 많은 생각이다. 생각이 지나치게 많은 것 역시 민감함 때문이다.

의사로서 그가 얻은 경험에 따르면 둔감한 사람은 질병에 자주 걸리지 않고 설령 걸리더라도 얼마든지 극복해낸다. 암에 걸리는 불행이 찾아오더라도 '이깟 녀석, 쫓아내 주겠어!'라는 마음으로 느긋하게 받아들이는 사람들은 이를 이겨낼 가능성이 커진다는 것이다.

둔감력에 관한 한 평균적으로 여자가 압도적인 우세를 보인다. 여자아이와 남자아이를 키워본 사람은 이것이 타고난 차이임을 확인하게 된다. 강건해 보이는 남성이 의외로 약한 모습을 보일 때가 많은데 이는 민감함의 차이에서 비롯된다. 같은 수준의 고통이 주어졌을 때 남성이 더 민감하고 약한 경향을 보인다는 것이다. 담석, 신장결석, 통풍 등 악조건에서도 평균적으로 여성이 잘 견뎌내는데 이 역시 둔감력의 차이에서 비롯된다.

이 책을 읽으면 우리가 보통 세월을 보내며 깨우치는 진리가 저자의 조언과 교차함을 확인하게 된다. 무슨 일이 일어났거나 일어날 가능성이 있을 때 지나치게 안달복달할 필요는 없다. 죽는 걸 빼면 그렇게 심각한 일이 있느냐고 자문해볼 수도 있다. 담담한 삶을 권하는 실용서다.

봄의 풍류를 만끽할 수 있는
최고의 장소는 어디일까

서울산수
옛 그림과 함께 만나는 서울의 아름다움

아는 것만큼 보이는 게 세상이다. 많은 사람이 서울에서 살지만, 서울을 제대로 아는 사람은 드물다. 오랜 역사를 지닌 만큼 서울의 구석구석에는 주목할 만한 사연이나 풍광이 많을 것이다. 그것을 알 수 있다면 서울 생활이 좀 더 풍요로워지겠다.

이태호의 《서울산수》(월간미술)는 옛 그림과 함께 만나는 서울의 아름다움을 담은 책이다. 저자의 단아한 한국화 그림은 서울의 옛 모습과 현재의 모습을 연결시켜 준다. △서울의 사계절, △한강 톺아보기, △도성도로 본 서울 등 세 부분으로 이뤄진 책은 글 반, 그림 반이라 읽는 재미와 보는 재미를 함께 느낄 수 있게 해준다.

　겨울이 지나면 봄꽃이 화려함을 뽐내는 날들이 온다. 그 봄날의 풍류를 만끽할 수 있는 장소 가운데 으뜸은 어디일까? 저자는 인왕산 남쪽 자락의 필운대를 꼽는다. 이제는 다소 퇴락해버린 장소지만 옛사람들은 필운대를 배경으로 여러 그림을 남겼다. 정선의 〈필운대상춘〉, 임득명의 〈등고상화〉 등이 그런 그림이다. 책을 읽고 봄날 옛사람을 생각하면서 그곳을 방문해볼 수도 있을 것이다. 이 책의 가치는 필운대 같은 명소를 방문하였을때 우연히 만나는 옛사람들의 흔적이다. 필운대 바위에 남겨진글씨는 이항복이 쓴 것으로 전해진다.

　예전 서울 도성에는 유난히도 개복숭아꽃이 만발하였다. 그모습은 1820년대 후반 순조 시절에 창덕궁과 창경궁을 그린 봄철의 〈동궐도〉에 고스란히 남아 있다. 복숭아꽃은 지명에도 흔적을 남겼다. 마포의 도화동과 남산 기슭의 도동이 대표적인 예다. 저자에게 특별히 감사하게 생각하는 것은 파노라마처럼 서울의이곳 저곳을 사진으로, 때로는 한국화로 소개한 점이다. 여기에다 친절하게 어디가 어디인지 지명을 소개하고 있다.

　북한산도 저자의 소개로 더 잘 알 수 있다. 조선 후기 진경산수화의 거장 겸재 정선은 1740년대 가을, 도봉계곡을 찾아〈도봉서원도〉와 〈도봉주색노〉를 그렸다. 두 작품 모두 단풍에 물든 가을의 화려함을 회색조의 먹만으로 풀어낸 명작들이다. 만경대, 백운대, 인수봉으로 이루어진 삼각산을 저자를 통해 비로소 또렷이 알게 된다. 만장봉, 자운봉, 선인봉으로 이루어진 도봉산도 마찬가지다.

조선시대 문무자 이옥은 북한산을 찾아 "아름답기에 찾아왔다. 아름답지 않으면 오지 않았을 것이다"라고 절경을 극찬했다. 북한산의 아름다움은 하얀 화강암 바위들과 오색 낙엽이 어우러진 가을에 절정을 이룬다. 도봉산 오봉능선, 원효봉, 백운대, 노적봉, 의상봉으로 이루어진 북한산 서쪽 풍경 사진이 가슴을 환하게 만들어준다.

옛사람들은 한강을 서호와 동호로 나누어 불렀고 때로 그 사이에 남호를 넣기도 했다. 쉽게 말해 지금의 옥수동 앞은 동호, 용산 앞은 남호, 마포 어귀는 서호 정도로 생각하면 된다. 서호에서 동호까지 이어지는 한강을 따라 늘 오고 가는 올림픽도로의 연변에 궁산, 소악루, 염화진, 이수정, 안양천 등의 익숙한 이름들이 이어진다. 이들을 한국화로 보면서 저자의 설명을 읽다 보면 서울에 대한 이해가 깊어진다. 지금은 선교사 묘지로 알려진 양화진이 옛 서울에서는 번화한 곳이었다. 이에 더해 공암진, 행주진, 염창진 등에 큰 배들의 이동이 빈번했다.

책은 저자가 2년 동안 발품을 팔고, 옛 서적들을 뒤적이고,

단아한 한국화에 담긴 서울의 아름다움.
저자가 2년 동안 발품을 팔아 완성한 책.
내가 뿌리를 내리고 사는 곳의
사연을 알아가는 기쁨.
북한산을 찾은 조선시대 문인의 말,
"아름답기에 찾아왔다."

자신이 직접 사진을 찍고 한국화를 그려 완성한 작품이다. 책 한 권으로 저자의 2년 노작을 손쉽게 볼 수 있는 것만으로도 복 받은 것이라는 생각을 하지 않을 수 없다. 바깥세상을 찾는 일도 좋지만 내가 뿌리를 내리고 사는 곳의 사연을 아는 것도 큰 기쁨이 될 것이다. 쉬어 갈 수 있도록 돕는 책이다.

아무도 찾지 못하는 곳으로, 이름도 바꾼다

인간증발
사라진 일본인들을 찾아서

세상사 모든 것은 바라보기 나름이다. 주변을 둘러보고 과거와 현재를 비교해볼 수도 있어야 한다. 그렇게 비교하다 보면 불편함이 축복이구나라는 깨달음을 얻을 수도 있다.

프랑스의 저널리스트 레나 모제와 사진작가 스테판 르멜의 공저 《인간증발》(책세상)은 일본 사회의 그림자를 깊숙이 조명했다. 땅이 넓지 않은 우리로서는 상상하기 쉬운 이야기가 아니지만 장기 불황이나 자본주의의 삶을 이해하는 데 도움을 받을 수 있는 책이다.

세계에 일본 말고 또 이런 나라가 있을까? 일본에서는 매년 수많은 사람들이 흔적도 없이 증발해버린다. 일단 사람이 사라지고 나면 그 사람을 찾는 일은 어렵다. 일본은 인구 약 1억 2800만 명으로 이루어진 나라이다. 이런 나라에서 증발된 사람의 흔적을 찾아내는 것은 무모한 일에 가깝다. 어떻게 이런 일들이 일어날 수 있을까?

일찍이 무라카미 하루키는 세상사의 이해할 수 없는 부분에 대해 이런 이야기를 한 적이 있다. "우리가 알고 있다고 생각하는 사물의 이면에는 우리가 알지 못하는 것이 거의 비슷한 비율로 숨어 있다." 아마 인간증발도 이런 일 가운데 하나일 것이다. 주목할 만한 것은 수요가 있는 곳에는 시장도 있다는 사실이다. 야반도주를 도와주는 일도 번듯한 직업 가운데 하나로 자리 잡고 있다.

이 책에는 스스로 흔적도 없이 사라져버린 사람들의 내밀한 이야기가 실려 있다. 야반도주를 돕는 사업을 하는 사람은 이렇게 증언한다. "어두컴컴한 새벽에 수상한 이삿짐센터 직원들이 검은색 담요와 커튼을 들고 나타난다. 재빨리 창문을 가리고 가구포장이 이루어진다. 대부분의 고객은 막상 일이 닥치면 가전제품까지 모두 가져가고 싶다고 마음을 바꾼다."

우리가 주목해야 할 사실은 인간증발의 가장 큰 요인이 경제적 어려움에 있다는 점이다. 일본에서 야반도주가 가장 극심 스스로 사라지는 사람들.
인간증발의 가장 큰 원인은 경제적 어려움.
빚쟁이로부터 탈출하기 위해
증발하기로 결심.
이들의 야반도주를 도와주는 사업까지 등장.
장기불황과 자본주의 삶의
어두운 면을 들여다보는 책.

했던 시점은 1990년대 중반으로, 한때 매년 12만 명에 이르기도 했다. 이들이 막다른 골목에 도달한 과정은 엇비슷하다. 버블경제 시기에 서민들은 대부업체에서 돈을 빌렸다. 샐러리맨을 상대로 이루어지는 소액 고리대금업을 '사라리만 긴유(サラリーマン金融, 샐러리맨 금융)'라고 하고 줄임말로 '사라킨'이라 부른다. 이자놀이를 하는 사람들은 야쿠자와 손을 잡았다. 야쿠자는 수금 역할을 맡게 되는데 때로는 야쿠자가 직접 운영하는 대부업체에서 빌린 돈을 '야마킨'이라 부르기도 했다. 일단 그렇게 빚의 덫에 빠지고 나면 헤어날 길이 없다.

대다수의 인간증발은 빚쟁이로부터의 탈출에서 비롯된다. 지금도 야반도주를 돕는 서비스는 비용이 일반 이사보다 3배나 비싼 40만 엔(약 400만 원) 정도를 요구한다. 9년 동안 야간 이삿짐센터를 운영하면서 사람들의 야반도주를 도왔던 하토리 쇼는 "다수의 사람들은 은신처에서 과거를 지우고 새 삶을 살고 있다"고 말한다.

책에는 아내를 떠난 사람, 부모를 떠난 사람 등 다양한 사람들이 등장한다. 자신의 이름을 잊은 채 살아가는 사람들의 삶이 행복한 것은 결코 아니다. 경제적인 어려움 끝에 사랑하는 사람들을 떠날 수밖에 없는 상황에 내몰리는 것은 부채 때문이다. 이미 성장세가 크게 꺾인 우리나라도 앞으로 부채 문제 때문에 홍

역을 치를 것으로 예상된다. 읽는 내내 '인간사의 과제 가운데 경제적 문제만큼 중요한 것이 있는가'라는 질문을 던지게 하는 책이다.

역경을 이겨낸 저자의 나이는
이제 서른한 살

힐빌리의 노래
위기의 가정과 문화에 대한 회고

"힐빌리, 레드넥을 아는가?"

J.D.밴스의 《힐빌리의 노래》(흐름출판)를 읽다가 미국에서
오래 살았던 지인에게 물어보았다. "그럼요. 교육을 많이 받지
못하고 정치적으로 보수적인 시골 백인들을 지칭하는 용어입
니다."

앨라배마와 조지아 주에서 시작해 대서양을 따라 미국의
등뼈처럼 올라가는 유명한 산맥이 애팔래치아 산맥이다. 레드넥
은 펜실베이니아 주와 오하이오 주를 거쳐서 미국의 동북단 메
인 주에 이르는 애팔래치아 산맥 인근에 거주하는 살림살이가

궁핍한 백인들을 일컫는 말이다.

약물 중독 문제는 미국이 갖고 있는 사회 문제 가운데 하나다. 일찍 결혼한 저자의 어머니 또한 약물 중독에서 헤어나지 못한 사람이다. 어머니의 굴곡진 인생이 아이들의 삶에 얼마나 짙은 그림자를 드리웠겠는가. 그러나 인간의 위대한 점은 어떤 환경에서든 스스로 환경에 굴복하지 않기로 결심하는 순간 자신의 길을 개척할 기회를 잡을 수 있다는 사실이다. 어머니의 삶이 불행한 것과 자신의 행로를 엄격히 구분한 저자는 주위 친구들이 온통 약물 중독에 빠지는 상황에서도 학업에 전념하였고 마침내 예일대 로스쿨을 장학금을 받고 들어갈 수 있는 기회를 움켜쥐게 된다. 어렵게 성장한 사람이 이토록 반듯한 세계관과 인생관을 가진 젊은이로 우뚝 선 점이 감동적이다. 그는 로스쿨을 졸업한 이후에 실리콘밸리에서 성공적인 투자가로 입신하는 데 성공하였다. 불과 서른한 살밖에 되지 않은 저자의 자서전 격에 해당하는 이야기다. 이렇게 당장 실용적 지식을 구하기 힘든 책을 끝까지 읽기 위해선 특별한 매력이 있어야 한다. 소설에 비할 수 없는 논픽션만의 특별함을 갖고 있는 책이다.

이 책은 '한 인간이 역경을 어떻게 헤쳐 나가는가'라는 측면에서 바라볼 수도 있고, '가난이 얼마나 불편하고 힘든 일인가'라는 측면에서도 접근할 수 있다. 한발 더 나아가서는 한 사회가 가난을 치유하기 위해 무엇을 어떻게 해야 하는지, 그리고 대증요법이란 것이 얼마나 효과가 없는지 등에 대해서도 생각해볼 수 있다. 다른 한편으로는 우리 사회에 대한 불평불만으로 가득 찬 사람들에게 '이 사람들도 이렇게 힘들게 사는구나'라는 생각을 던져줄 수도 있을 것이다.

저자의 고향인 오하이오 주 미들타운은 전형적인 러스트 벨트에 속한 지역으로 한때 철강업이 고향민의 자부심이었던 시절도 있었다. 일본 기업이 인수해 잘해보려 하였지만 결국 손을 들고 떠나면서 마을 전체는 쇠락의 길로 들어선다. 나는 이 책을 '변화'라는 측면에서 이해했다. 모든 것은 변한다. 그 어떤 것도 영원한 것이 없다. 오늘날 한국인들은 자신이 누리고 있는 생활수준을 당연하게 여기지만 끊임없이 갈고 닦고 조이는 노력이 없으면 결코 유지할 수 없다.

앞으로 정말 많은 산업들이 바다를 건너 다른 곳으로 이동할 것이다. 산업 역사가 짧은 우리로서는 특정 업종이 지배적인 위치를 차지하던 지역이 몰락하는 것을 생생하게 목격할 시간도 없었다. 하지만 그런 상황이 우리에게 일어나지 말라는 법은 없다. 그런 시대의 교훈을 담은 책이다. 특히 가난한 백인 가정에서 자란 저자가 빈곤층을 돕기 위한 국가 정책에 대해 내뱉은 일갈은 의미심장하다. "자립 의지가 없다면 그런 것들은 별다른 효과

모든 책임이 사회에 있지는 않다.
쇠락하는 미국 마을, 우리에게도
언제든 일어날 수 있는 일.
가난한 사람들도 현실을 직시할 필요가 있다.
가장 중요한 것은 "자립하고자 하는 의지."
소설에 비할 수 없는 논픽션의
특별한 매력을 지닌 책.

가 없을 것이다."

가난에서 벗어나도록 돕기 위한 사회적인 구호나 노력이 필요하지 않다는 이야기는 아니다. 다만 저자는 가난의 책임이 무기력, 불성실, 무책임, 무계획 등과 같은 개인적 잘못에 기인하는 바도 크다는 점을 강조한다. 평생 무책임과 마약에 젖어 산 어머니와 그 주변 사람들을 보면서 저자는 이렇게 말한다. "가난한 사람들은 현실을 직시하려 하지 않는다. 해야 할 것과 하지 말아야 할 것을 스스로 지키려는 의지가 없다."

한 사회가 가난을 어떻게 대해야 하는지를 생각해보게 만드는 책이다. 또한 한 인간이 역경 속에서 어떻게 스스로를 구할 수 있는지를 보여주며 용기와 지혜를 준다. "모든 책임은 사회에 있다"고 목소리를 높이는 시대에 경종을 울리는 책이다.

고객을 대하는 마지막 행동이
가장 오래 기억된다

언제 할 것인가
쫓기지 않고 시간을 지배하는 타이밍의 과학적 비밀

타이밍이 과학이 될 수 있음을 입증하려 노력한 책이 있다. 사실 세상에서 제일 중요한 일은 '언제 할 것인가'를 결정하는 것이다. 그러나 이처럼 중요한 '언제'를 과학 차원으로 끌어올리려 시도한 책은 별로 없다. 오랫동안 '언제'는 운이나 자유의지의 영역일 뿐이었다.

기발한 발상과 콘텐츠 그리고 필력으로 명성을 얻고 있는 세계적 미래학자 다니엘 핑크의 《언제 할 것인가》(알키)는 타이밍의 과학을 다룬 보기 드문 책이다. 7개 장으로 구성된 책의 곳곳에는 '언제'에 대한 이해도를 높임으로써 기대하는 성과를 기두고 더 행복한 인생을 살아가도록 돕는 사례와 진리가 들어 있다.

우리의 인식 능력은 하루라는 시간 단위 속에서 일정하게 유지되지 않는다. 이는 대다수 사람들이 경험적으로 인식하는 사실이다. 자신의 지력이 언제 더 기민해지는가를 알고, 그 시간에 어떤 과제를 하는가는 직업인으로서 성공하는 데 매우 중요한 점이다. 수술실에 들어가는 의사들이 늘 최고로 기민한 상태는 아니다. 이 때문에 어떤 병원은 '사전 타임아웃' 카드를 활용해 수술에 참여하는 의료진이 스스로 집중력을 점검하고 있다.

저자는 이를 '기민성 브레이크'라고 부른다. 중요한 일을 앞두고 실수가 발생하지 않도록 지시사항을 검토하는 짧은 휴지기를 말한다. 듀크 메디컬센터는 자신들이 행한 9만 건의 수술을 분석한 다음 '마취 유해 사례'라고 이름 붙인 사고를 조사하였다. 놀랍게도 오후 3~4시에 사고가 훨씬 더 자주 발생한다는 사실을 발견한다. 연구 보고서는 "24시간 주기 생체리듬이 낮아지는 오후에는 의사의 각성도가 떨어져 마취 단계에서 필요한 복잡한 임무를 수행하는 데 이상이 생긴다"고 결론을 내렸다. 또한 대장내시경 검사 1000건을 분석한 보고서에서도 "검사시간이 늦을수록 폴립을 찾아낼 가능성이 눈에 띄게 줄어든다"는 사실이 밝혀졌다. 구체적으로 말하자면 검사시간이 1시간 늦어질

운이나 자유의지의 영역에 머물렀던 '언제'를
과학적 차원으로 끌어올린
저자의 역량이 놀랍다.
최고로 기민한 상태는 사람에 따라 다르다.
마취 사고는 오후 3~4시에 가장 많이 발생.
성공하는 사람은
평균 52분 일하고 17분 휴식한다.

수록 폴립을 발견할 확률이 5%로 낮아졌다. 내시경 검사를 언제 받아야 하는지, 그리고 수술을 언제 받아야 하는지를 알려주는 사례다.

어떤 일을 오랫동안 하다 보면 타성에 빠진다. 그렇다면 타성화 과정을 방지하면서 집중력을 유지할 수 있는 방법은 무엇일까. 생산성 추적 소프트웨어를 제작하는 데스크타임은 자사의 애플리케이션을 사용하는 사람들 가운데 생산성이 높은 고객들을 조사한 결과를 내놓았다. "상위 10퍼센트에 속한 사람들의 공통점은 효과적으로 휴식을 취하는 능력을 갖추고 있었다. 평균 52분 일하고 17분을 쉬었다고 말한다." 언제 쉬어야 할지에 대한 답이다.

유능한 사람들은 시간경계표와 새 출발 효과를 활용하는 경우가 많다. 새 학기, 새해, 새 달, 새 주의 시작 등은 '새로운 정신적 계좌'를 여는 것과 같은 효과를 거둘 수 있다. 언제 계획을 세우고, 언제 각오를 다질 것인가를 고민하는 사람이라면, "성공한 사람들은 평범했을 뻔했던 날에 개인적인 의미를 부여함으로써 새로운 시작을 여는 힘을 얻는다"는 조언에 공감할 것이다.

새로운 시작 효과는 개인은 물론이고 조직에도 활용할 수 있다. 슬럼프에 빠졌을 때 안절부절못하고 기다리는 것 또한 위기 극복과 관련된 일종의 '언제'이다. 슬럼프를 빠져나오는 과정은 그것에 빠지는 것만큼이나 자연스럽다. 마치 감기와 같다. 고객을 대하는 사람이라면 항상 마지막 행동이 기억된다는 사실을 잊지 말아야 한다. 어떤 식당에서는 계산할 때 손님에게 초콜릿을 권하기도 한다.

다니엘 핑크의 책은 참으로 기발하다. 지적 자극의 제공이라는 점에서 훌륭한 책이다.

공병호의
무기가 되는 독서

초판 1쇄 발행 2018년 7월 30일
초판 4쇄 발행 2019년 7월 22일

지은이 공병호
펴낸이 성의현
펴낸곳 미래의창

주간 김성옥
편집 이준호, 문주연, 김윤하
디자인 공미향

등록 제10-1962호(2000년 5월 3일)
주소 서울시 마포구 잔다리로 62-1 미래의창빌딩(서교동 376-15, 5층)
전화 02-338-5175 **팩스** 02-338-5140
ISBN 978-89-5989-532-8 03320

※ 책값은 뒤표지에 있습니다. 잘못된 책은 서점에서 바꿔드립니다.

이 도서의 국립중앙도서관 출판예정도서목록(CIP)은 서지정보유통지원시스템 홈페이지(http://seoji.nl.go.kr)와
국가자료공동목록시스템(http://www.nl.go.kr/kolisnet)에서 이용하실 수 있습니다.(CIP제어번호: 2018021225)

미래의창은 여러분의 소중한 원고를 기다리고 있습니다. 원고 투고는 미래의창 블로그와 이메일을
이용해주세요. 책을 통해 여러분의 소중한 생각을 많은 사람들과 나누시기 바랍니다.
블로그 miraebookjoa.blog.me **이메일** mbookjoa@naver.com